施工企业海外风险识别与防范

Identification and Mitigation of Overseas Risks
for Construction Enterprises

郭英杰　著

中国建筑工业出版社

图书在版编目（CIP）数据

施工企业海外风险识别与防范 = Identification and Mitigation of Overseas Risks for Construction Enterprises / 郭英杰著. -- 北京：中国建筑工业出版社，2025.4. -- ISBN 978-7-112-31042-5

Ⅰ.F426.96

中国国家版本馆CIP数据核字第20255XF886号

责任编辑：徐明怡
文字编辑：滕云飞
责任校对：赵　力

施工企业海外风险识别与防范
Identification and Mitigation of Overseas Risks
for Construction Enterprises
郭英杰　著

*

中国建筑工业出版社出版、发行（北京海淀三里河路9号）
各地新华书店、建筑书店经销
北京建筑工业印刷有限公司制版
北京中科印刷有限公司印刷

*

开本：787毫米×1092毫米　1/16　印张：8¾　字数：138千字
2025年4月第一版　2025年4月第一次印刷
定价：49.00元
ISBN 978-7-112-31042-5
（44599）

版权所有　翻印必究
如有内容及印装质量问题，请与本社读者服务中心联系
电话：（010）58337283　QQ：2885381756
（地址：北京海淀三里河路9号中国建筑工业出版社604室　邮政编码：100037）

谨将此书敬献给常年奋战在海外项目一线以及即将走出国门的施工企业和相关项目管理人员。他们勇于在海外开拓市场，迎接各类工作与生活层面的挑战，坚持不懈，努力前行，他们是最值得钦佩的人。

序

在全球政治经济格局迅速变化的当下，中国工程建设企业越来越多地跨出国门，步入充满机遇与挑战的国际市场。在这样复杂多变的外部环境中，有效识别和防范风险显得尤为关键。《施工企业海外风险识别与防范》一书，正是为了满足这一需求而精心著作。

作者郭英杰博士，一位在国际工程管理领域经验丰富的资深专家，拥有在巴基斯坦、马来西亚等多地管理建筑施工项目的宝贵经历。他在美国福陆公司担任亚太区域部门总监，参与了众多大型外资在华投资项目的设计、采购和施工管理，有的项目投资规模高达数十亿美元。尤其是过去十年间，英杰博士作为福陆公司亚太区合同管理总监，主导了多项国际大型项目的谈判和合同制定，积累了丰富的操作层面的实战经验。他对国际施工项目合同的风险洞若观火，总结出多种实用的规避和降低风险的策略。

面对国际市场所带来的机遇与挑战，如何有效识别和防范风险至关重要。本书详细介绍了一系列策略和工具，旨在帮助企业在海外项目中识别潜在风险并采取有效的防范措施。从项目的筹备阶段到执行过程，本书都提供了实用的建议和深入的分析，以助中国建筑企业在全球市场中稳健发展，提升竞争力。

英杰博士在 2003 年加入法国格勒诺布尔高等商学院攻读博士学位，2008 年以《论中国建筑业国有企业体制改革进程中的领导力行为》一文顺利完成论文答辩，获得工商管理博士学位。在其攻读博士学位期间，我有幸担任学校博士项目主管。英杰博士的勤奋和对建筑工程企业管理的深入理解给我留下深刻印象。他的研究不仅展示了对理论的深刻把握，更重要的是展现了将理论与实践紧密结合的能力。在博士研究的基础上，英杰博士持续探讨和思考工程管理方面的问题，本书便是其多年实践经验和学术研究的结晶，融合了他对该行业的深刻见解和实用策略。

能够为这样一部内容丰富、实用性强的著作撰写序言，我深感荣幸。我深知英杰博士在国际工程管理领域的专业深度和广度，相信这本《施工企业海外风险识别与防范》将成为中国施工企业国际化道路上的重要助力。我期待每一位读者都能从中获益，将所学的知识和技能运用到全球市场中，取得卓越成就。

最后，我祝愿中国的建筑施工企业在全球舞台上取得更多的成就。书中理论与实践相结合的方法论，将为您在未来的海外项目中规避风险、迎接挑战提供坚实的帮助。希望本书能成为您值得信赖的指南，陪伴您在国际工程的道路上不断探索和突破。

闫杰 教授

法国格勒诺布尔高等商学院

（Grenoble Ecole de Management, France）

前　言

作者于 20 世纪 90 年代初在海外工作过 5 年，那时中国建筑企业海外拓展业务和执行项目也刚起步，缺乏国际工程项目的管理经验，甚至对"包干价"（Lump Sum）的定义也有误解。当时就曾因对驻地工程师办公室、车辆和必要办公设施包干价的理解偏差，给公司带来了损失。作者和太太一起翻译整理了当时项目上执行的 FIDIC 合同条款，虽然没有出版发行，但对项目的执行做出了很大的贡献。作者一直有个梦想，就是把海外项目执行期间遇到的成功与失败的经历分享给大家，旨在帮助后来在海外开疆拓土的同仁们提高国际工程管理水平。

20 世纪 90 年代中期，作者回国后，便加入了美国福陆丹尼尔公司，也就是后来的福陆（中国）工程建设有限公司（Fluor）[①]。在中国大量引进外资的大背景下，福陆公司承担了许多大型外资项目的设计、采购和施工管理，作者也跟随福陆的项目转战南北，参与其中。项目按时间轴排列：天津西青开发区的浪潮项目、福建厦门的某胶卷项目、南京某石油化工一体化项目、上海某联合异氰酸酯项目、蒙古国的某铜矿项目、江西新余的某多晶硅项目、北京的某 8.5 代玻璃项目、马来西亚的柠檬草项目、福陆和某国有企业成立的合资公司项目、湛江某石化一体化项目等，27 年弹指一挥间。

在此期间，作者感受到了我国在各方面突飞猛进的发展，国外投资项目的数量和投资额不断攀升。通过这些国际工程项目的执行，为我国培养了一大批懂得国际工程管理的人才，这些人后来分别就职于国营、民营、外资工程公司和业主公司，为我国的许多建筑施工企业提高了国际工程管理水平。从最初设计院不懂什么是专业责任险（Professional Liability Insurance），施工单位不

---

① 福陆：总部位于美国德州达拉斯，是一家集咨询、设计、采购、施工、保运为一体的工程公司，在 2021 年 ENR 国际设计公司和国际承包商排名中均排第三名。在亚太地区有三大区域总部，分别为中国上海、菲律宾马尼拉和印度新德里。

懂怎么用 P4[①] 做计划，承包商施工和安全人员对于安全管理认知不高，到现在这些企业已经对外资项目中安全、质量、计划、成本的认知达到了很高的水平，这对项目的成功执行起到了决定性的作用。

正是因为我国通过外资项目培养了一大批国际工程项目的管理人才，也就有了之后出海参与国外工程项目的落地行动。2013 年，福陆公司在东南亚拓展项目，作者有幸作为合同总监参与了福陆公司对马来西亚某大型化工项目的投标工作，通过竞标，福陆公司和某法国管理公司组成联合体获得了整个项目的项目管理合同（PMC）和基础设施公用工程（IOU）EPCm 的工作。随后也直接参与了在马来西亚关丹的一个化工项目的设计、采购和施工管理工作。在海外工作期间，作者经历了中国施工企业投标和项目执行的过程，也处理了来自他们的一些索赔，体会到这些企业在中国外资项目中学到的国际工程管理知识和经验，在应对海外项目时仍有不足，缺乏足够的风险辨识和管理的专业能力，缺乏对项目当地政策的了解，高估了自己动员人力资源的能力等各种问题。这些问题，如果管控不好，会发生巨额亏损。

因此又引起了作者想梳理一些经验与同仁们分享的想法。出版此书的目的，旨在帮助那些致力于出海执行项目的施工企业及其管理人员，为他们提供有关风险识别与防范的方法。本书内容涵盖施工企业资格预审、招标文件的剖析、投标文件的筹备、合同谈判以及项目执行阶段的管理等方方面面，便于他们在遇到实际问题时得到一些具体的、操作性强的指导意见。随着国内外投资项目的外溢，越来越多的施工企业开始关注海外市场，希望这本书能够真正帮助到他们。

---

① Primavera 是一款项目管理软件，由甲骨文公司开发，用于大型项目计划和进度的管理，可以帮助项目管理人员对项目进行全面的规划和控制，还支持项目资源配置、成本和风险管理，我们刚开始在国内做项目时，用的是第四版，简称 P4。

目 录

序

前言

0 绪论 …………………………………………………………………………001
    0.1 海外工程实施主体 ……………………………………………………001
    0.2 项目风险管理学 ………………………………………………………003
    0.3 施工企业面临的风险 …………………………………………………004
    0.4 什么是施工风险 ………………………………………………………008
    0.5 施工风险辨别和评估流程 ……………………………………………009

第一部分 资格预审和投标阶段的风险识别和防范 ……………………011

第1章 识别资格预审期间的风险 ………………………………………013
    1.1 法律合规风险 …………………………………………………………015
    1.2 劳工和工签政策风险 …………………………………………………017
    1.3 文化差异风险 …………………………………………………………018
    1.4 不利的自然条件风险 …………………………………………………019
    1.5 合同风险 ………………………………………………………………020
    1.6 业主和管理公司的信用风险 …………………………………………021
    1.7 设计风险 ………………………………………………………………022
    1.8 HSE 的风险 ……………………………………………………………023
    1.9 本章小结 ………………………………………………………………024

第2章 识别投标期间项目所在国风险 …………………………………025
    2.1 政治风险 ………………………………………………………………025

  2.2 经济风险·····030

  2.3 社会文化风险·····041

  2.4 自然环境引起的不可抗力风险·····042

  2.5 本章小结·····043

 第3章 识别投标期间的合同条款风险·····045

  3.1 合同货币和兑换率·····045

  3.2 付款周期和现金流·····047

  3.3 违约责任和限额·····049

  3.4 技术规范·····050

  3.5 进度计划·····051

  3.6 当地市场资源差异·····053

  3.7 保函和保险条款·····054

  3.8 本章小结·····057

 第4章 投标期间识别业主和管理公司风险·····059

  4.1 合同变更条款风险·····059

  4.2 设备和材料采购风险·····060

  4.3 业主公司的管理风格·····064

  4.4 管理公司的管理风格·····065

  4.5 业主和管理公司的决策速度·····072

  4.6 本章小结·····073

第二部分 项目执行过程中的风险识别和防范·····075

 第5章 图纸延误和设计变更风险·····078

  5.1 未按计划颁发施工图纸·····080

  5.2 施工图纸里有"待定（hold）"部分·····081

  5.3 施工图纸变更·····082

  5.4 施工图纸错误·····083

  5.5 本章小结·····084

第6章　甲、乙双方供应材料的风险 ……086
6.1　甲供材料短缺和未按工序供货的风险 ……087
6.2　指令施工企业紧急采购的风险 ……088
6.3　设备修复的风险 ……089
6.4　乙供材料风险 ……090
6.5　本章小结 ……093

第7章　工期延误和逾期违约罚款的风险 ……095
7.1　不可抗力风险 ……095
7.2　非业主、管理公司和施工企业引起的风险 ……098
7.3　管理公司或业主引起的风险 ……100
7.4　施工企业原因 ……102
7.5　逾期违约罚款 ……102
7.6　本章小结 ……103

第8章　合同变更管理风险 ……105
8.1　合同变更程序 ……105
8.2　施工企业辨别出的合同变更 ……109
8.3　本章小结 ……117

第9章　项目执行过程中的其他风险 ……118
9.1　工作签证风险 ……118
9.2　现金流风险 ……120
9.3　本章小结 ……123

参考文献 ……125
后记 ……128

0 绪 论

0.1 海外工程实施主体

近年来，海外大型工程项目吸引了许多施工企业走出国门，在投标和执行项目的过程中，他们遇到了许多风险；作者从管理公司的角度，了解中国施工企业遇到的各种潜在风险，想借本书谈谈中国施工企业在海外开拓项目、执行项目的过程中会遇到哪些风险，以及规避这些风险的方法。

对于大型海外工程项目，业主的合同策略是先找一家有经验和有能力的国际工程公司做项目管理承包商（Project Management Contractor，以下简称PMC）[1]。项目管理承包商可以单独执行项目，也可以由两家或以上的项目管理承包商组成联合体（Consortium）[2]执行项目，还可以单独一家或联合体和业主组成项目一体化管理团队（Integrated Project Mangement Team，以下简称IPMT）[3]执行项目。

项目管理承包商通常在项目的规划、设计、采购、施工、试运行等阶段发挥重要作用，负责项目的整体协调、安全环保健康管理、项目可持续发展、进

---

[1] 项目管理承包商，是指受业主委托，按照合同约定，代表业主对工程项目的组织实施进行全过程或若干阶段的管理和服务的企业或组织。
[2] 联合体是指由两个或两个以上的法人、其他组织或者自然人，为了共同参与一个项目或达成一个共同的目标，通过协议或合同联合在一起组成的临时性合作组织。在联合体中，各成员单位通常在资金、技术、人力、设备等方面相互协作，共同承担项目的责任和风险，并按照事先约定的方式分享利益。联合体成员之间保持相对独立的法律地位，但在联合体协议的约束下，协同完成特定的任务或项目。这种合作形式常见于大型工程项目、科研项目、商业合作等领域。
[3] IPMT 是指由来自业主和项目管理公司不同专业领域、具有不同技能和经验的人员组成的一个综合性项目管理团队，IPMT 通常在大型、复杂的项目中发挥作用，能够综合考虑项目的技术、经济、进度、质量、安全等多个方面，做出更全面、更科学的管理决策。

度控制、成本管理、质量监督、风险评估与应对等工作，以确保项目能够按照预定的目标、时间、预算和质量要求顺利完成。

项目管理承包商和业主会共同编制合同策略，对于每个大型设施，先选定初步设计承包商，再选定每个装置的工程总承包商（EPC）[①]或EPC管理承包商（EPCm）[②]。如果初步设计做得好，同一家的EPC或EPCm的价格具有竞争力，同时有后续项目的执行能力，可以选择同一家承包商继续做此装置EPC或EPCm的工作；对于公用工程、基础设施、场外设施（IOU）[③]项目，多数情况下由项目管理承包商承揽，合同形式为EPCm，价格基础是派遣人员实报实销。

以马来西亚某大型石化项目举例，马来西亚某业主2013年在柔佛州边佳兰地区投资270亿美元的超大型炼油和化工一体化项目就是由一家知名的美国项目管理公司和一家知名的法国项目管理公司组成的联合体，作为管理承包商代表业主执行了该项目，同时这个联合体也承担了IOU的EPCm的工作。一家著名的中国承包商在与国际承包商的竞标中拿到了1500万吨/年常压蒸馏装置（CDU）的EPC总包项目。更多的中国施工企业在竞标中拿到了EPC或EPCm项目下的施工和安装合同。

对于这种大型的海外工程项目，中国施工企业能够参与的EPC或EPCm合同包很少，而大部分可以参与的项目都是在EPC或EPCm项下的土建施工和机电安装工程。因此，中国施工企业需要有一支具有国际工程管理经验的核心管理团队和一支能适应海外施工环境的工人队伍。早些年，中国施工企业会从国内派遣管理人员和工人；近些年，情况有所改变，除了派遣核心团队外，也开始在项目所在国招聘当地的管理人员和第三国的工人（比如：印度、巴基斯坦、尼泊尔等国）。无论是哪种方式，都会遇到不同的困难和风险。

---

① EPC：详细设计、采购和施工合同总承包，价格为包干价。
② EPCm：详细设计、采购和施工管理。在EPCm合同中，实报实销由实际成本和费用组成。实际成本是承包商执行工程及监督服务的直接成本（如人工），凭发票等凭证报销。费用用于覆盖间接成本和利润，按成本比例或固定金额收取。EPCm合同多采用实报实销模式。
③ IOU：项目上的地下管道、地上管廊、变电站、冷水塔、道路、控制室、锅炉房、专线铁路、码头等。

根据《中国统计年鉴—2020》的统计，我国施工企业对外承包工程主要分布在亚洲（完成的营业额为 981.5 亿美元，派出人数为 128841 人）、非洲（完成的营业额为 460.1 亿美元，派出人数为 55896 人）和拉丁美洲（完成的营业额为 116.4 亿美元，派出人数为 11801 人）。在亚洲，派出人数超出 5000 人的国家分别是孟加拉国、柬埔寨、印度尼西亚、伊拉克、科威特、老挝、马来西亚、巴基斯坦、沙特阿拉伯、阿联酋和越南。在 2019 年，大型项目主要集中在科威特、伊拉克、马来西亚和沙特阿拉伯，比如：石油化工项目。根据 2023 年的趋势分析，东南亚和中东地区依然是下一个石油化工项目的主要投资区域，也是中国施工企业下一步需要追踪的市场。

0.2　项目风险管理学

要想讨论施工风险管理，就要从项目风险管理说起。项目风险管理学理论，自 20 世纪 50 年代以来，作为一门专门的学科开始进行研究和应用，一开始关注项目进度、项目成本和项目质量带来的风险；进入 70 年代后，开始关注承包商和业主之间签署合约方面的风险；从 80 年代开始，逐渐扩展至工程保险、项目决策、技术风险和成本风险方面；到 90 年代后期至今，对于项目风险管理学理论的研究和应用更为全面，开始使用计算机技术和应用软件开发出的风险管理工具，极大地推动了项目风险管理的技术进步。在项目投资决策、计划进度、质量管理、技术应用、安全生产、资源配置方面都有了本质的飞跃，甚至可以把风险量化成不可预见费（Event Contingence），应对在项目规划和执行过程中可能出现的、难以事先准确预测的意外情况或风险，包括但不限于：未曾预料到的原材料价格大幅上涨、恶劣的天气条件导致施工延误、设计变更、政策法规的突然变化、突发事件导致的额外费用等。

项目风险管理学理论在改革开放后传入中国。1987 年，清华大学郭仲伟教授的专著《风险分析与决策》出版，标志着我国对工程风险管理学理论研究的开始。2003 年，王卓甫的《工程项目风险管理：理论、方法与应用》出版，以工程项目中遇到的风险为对象，全面系统地介绍了工程项目风险管理的识别、估计、评价、应对和监控的理论、方法和应用，以及工程项目风险管理的决策问题。到了2005年，中华人民共和国国家标准《项目风险管理应用指南》GB/T 20032—2005于2006年1月开始实施，全面论述了项目风险管理的过程，如何对风险进行识别、如何评定风险、如何处理风险、风险评审和监督。自此，很多论文和书籍对项目风险管理学理论进行了比较全面的研究和阐述。

但是，对于中国施工企业在海外追踪和执行项目时，在项目风险管理方面却没有形成体系，也没有法定的监督机制，导致项目投标过程中不能有效辨别风险和制定防范措施；在执行项目的过程中遇到风险时没有运筹帷幄的预案，只有事后应对，被动应付，造成不可挽救的后果。

在海外项目风险管理方面，风险管理的重要性不言而喻，其关键原因在于与项目执行和管理相关联的诸多不确定性。众多项目往往面临预算短缺或者不明确的状况，按进度计划推进的过程中，项目的目标和要求在其生命周期内或许会持续变动。鉴于这些限制因素，显而易见，项目风险管理乃是成功管理项目的核心环节。实际上，为了这一领域，诸多新工具已被引入，旨在协助应对项目上固有的不确定性。倘若未能对项目风险加以管理，可能会引发多种后果，甚至导致项目的全盘失败。那些积极、主动且持续地对项目风险进行管理的组织，成功的概率则更高。

0.3 施工企业面临的风险

实际上，在施工企业的风险管理方面，所有规避风险的措施都是为了项目盈利；某些准备出海的施工企业认为海外项目价格高、利润空间大，值得去冒险拓展业务，同时我们也听到某些施工企业在海外执行项目后出现严重亏损的消息。因此需要施工企业能把潜在风险提前识别出来，找到有效应对的方法加以避免，避免不了的风险要通过在投标书里的陈述和后期谈判，尽量把影响和损失降到最低，或者由其供货商或分包商分担风险。比如，有些风险可以通过量化转换成不可预见费，放进投标书商务报价中。

首先，施工企业在资格预审阶段，需要了解能否签署保密协议，对某些业主提出签署竞业禁止协议的要求，也要审核其风险。同时，就项目所在国有关政治、经济和文化方面的风险做出评估，对项目所在地的自然条件做出评估，对业主和管理公司的信誉做出评估，对项目设计方做出评估，就项目上对安全、环保、健康的要求和执行力度做出评估，以此来决定是否参与资格预审。

其次，在投标阶段，要根据招标文件的要求，对项目所在国的政治、经济、文化、自然环境风险和合同条款风险做出进一步评估，比如：不可抗力、外汇管制、当地强制性要求、被制裁风险、汇率风险、税务风险、通货膨胀风险、工作签证风险、当地材料价格和人工费用风险等。

最后，施工企业在施工阶段遇到的风险主要表现在项目能否按期完工？项目是否盈利？索赔能否成功？进度付款是否及时到位？资金周转是否健康？施工企业自身是否有因管理不当和计划不周造成的风险？和业主／管理公司工作关系是否融洽？项目执行策略是否适应本地化要求？工作签证的办理是否满足项目进度要求？当地宗教和文化能否有利于项目的执行？当地的劳务市场和材料市场能否满足项目的要求？对当地的税务和保险要求是否理解准确？施工图纸是否能及时发布？甲供材料／设备能否及时运抵工地？乙供材料是否及时到货？乙方的大型施工机具是否按计划动员？……

海外工程的最大风险之一就是低于成本中标。究其原因，一是成本分析出现漏项，二是对当地的政策法规、人文地理、政治经济环境缺乏了解，盲目沿用国内的做法，错误地认为即便低于市场价格，也是可以通过授标后的运作得到补偿，而没有认识到国际工程的合同条款对于合同变更有着非常严格的约束力，最后导致项目亏损。

案例一：沙特的一个项目，业主要求投标商购买某台设备，在招标文件里只注明了设备名称，没有型号、规格和生产厂家。在投标文件里，投标商没有对这台设备的型号、规格和生产厂家做进一步的界定，并且参考了国内某个项目的询价做了报价。最终发现这家投标商的价格和排名第二的投标商的报价相差很大，业主也做过澄清，但投标商确认价格不变，就这样中标了。在合同执行过程中，业主的要求远远超出了投标商对于这台设备的报价预算，因为投标商没有进一步定义这台设备的型号、规格、厂家，失去了索赔的依据，不得不按业主的要求采购，产生了巨大亏损。

案例二：某承包商于2009年初投标了沙特一轻轨项目，项目是沙特政府投资，用于缓解每年因朝圣带来的交通压力，项目为双向轨道，全长18.06km，其中有13.36km的高架段，要求轻轨拥有每小时72000人的最高运送能力。项目的工作范围和合同模式：采购、设计、施工，包括车辆在内的系统安装调试及三年内的维护和运营，合同为一揽子包干价；招标文件里规定按照已经完成的概念设计进行详细设计，土建执行美国标准，系统工程执行欧洲标准。招标期间，有意大利、德国、日本等16个国家的投标商做了现场勘察，共同的观点就是当地天气太热，每日最高温度甚至达到50℃以上，自然环境非常恶劣，除高温外，还严重缺水，为此有许多投标商放弃了投标机会。

有家承包商对这个项目很感兴趣，也是很有信心，积极参与了项目的投标；当业主打开报价时，当地铁路公司的报价是27亿美元，这家承包商的报价是17.7亿美元，并最终中标此项目；2009年2月，合同签约，要求于2010年11月13日开通运营。

但这家承包商于2010年10月25日发布公告，称该轻轨项目预计发生巨额亏损，约合41.53亿元人民币，原因是用概念设计作为招标的设计基础，承包商低估了工程量和业主的要求。当然还有许多其他的原因：1）该项目国际关注度高，因此不允许有任何工期延误，需要投入大量人力物力和管理团队；2）施工所需设备需要做好全程运输和现场保管工作，产生了额外的人力物力投入，还有许多采购的设备来自欧洲，大大超出了承包商的预算；3）该项目用沙特当地货币签约，合同总金额为66.50亿沙特里亚尔，这家承包商收到工程款后大部分需要结汇后使用，但是汇率有波动，签订合约后至项目结束时，汇率的变化给这家承包商带来约合1700万元人民币的损失，但从该公司的公告了解，因为汇率变化给他们带来的损失甚至远超该数字；4）文化和宗教原因，这家承包商低估了施工降效和施工困难，不得不多花人力物力以及支付额外成本；5）地理环境原因，施工地段处于特大风沙区，温度较高，夏季最高温度在

70℃左右，加之资金周转出现困难，管理上出现混乱，据当地媒体报道，曾有16名工人因加班费问题和公司发生冲突；6）劳动用工风险，这家承包商考虑采用三班倒的方式来保证进度计划，但是，在沙特只允许一天8小时的工作时间，严重影响到了工期，且麦加是朝觐圣地，不允许非穆斯林人员在项目上工作，这家承包商只能通过劳务公司聘用穆斯林工人；7）投标时参考了国内既有城市轻轨项目的投标成本测算了沙特轻轨项目，不看技术规范，按照之前的经验报价，忽略了土建执行美国标准，系统执行欧洲标准，而设计分包商由业主指定、听从业主的安排，因此在施工图纸和工程量方面，这家承包商很难管控；8）商务报价和第二家的报价相差10亿美金，报价差距很大，这家承包商的决策非常冒险，对招标书里的概念设计没有做"差距分析"（Gap Analysis）[①]，没有把概念设计作为基准线（Baseline）[②]，由此产生巨大亏损；9）合同条款：项目使用了FIDIC合同条款，比较严谨，如果业主对于承包商的索赔不给予认可或者新增的工作工程款不能及时付给承包商，承包商可以停工等待问题的解决，但是，由于这家承包商害怕工期延误造成业主没收约合12亿元的履约保函，没有停工，在没有落实是否同意变更索赔时，反而加大了人力物力的投入，造成了更大的责任成本风险。

项目最终按期交付运营，但是这家承包商在投标时没有很好地辨别潜在风险和应对措施，或者是他们过于自信和乐观，虽然在项目执行过程中发现了问题，但为时已晚。合同方式是包干价，自己的分包商做详细设计，很难索赔到与设计有关的费用补偿，加上其他重要原因，项目必须按期完工，因此产生了巨大的经济亏损，在当时全球工程界是非常引人瞩目的新闻。

[①] 差距分析是一种用于识别和评估当前状态与期望的未来状态之间差异的方法或过程。在项目管理领域，差距分析通常用于确定实际能力与设定标准之间存在的差距。通过明确这些差距，可以帮助组织制定改进策略、规划发展路径、分配资源，以缩小或消除差距，实现预期的目标。

[②] 基准线：在项目管理中，把"概念设计"设定为初始标准，用来衡量和对比后续的修改和改进是否符合最初的设想和要求。

0.4 什么是施工风险

施工风险指事先不能确定的，会导致施工项目预期质量、进度、造价和安全等目标不能实现的，在资金、技术、管理、组织、人员等方面产生消极的和不确定的不利因素和事件。

施工风险的分类方法很多，在国内和国外做工程的风险有着巨大的差别，国外施工项目的风险更复杂，以下按承包商资格预审、编制投标书、施工期间三个不同阶段应该关注的风险进行了分类，如表0-1所示。

施工风险分类表　　　　　　　　　　表 0-1

风险种类	资格预审	编制投标书	施工期间
政治风险／法律合规风险	拟用公司名称风险、制裁或被制裁的风险	战争和暴乱、政府政策的稳定性、外汇管制、建筑主管部门的政策风险、制裁风险	战争和暴乱引起的制裁或禁运、政策的稳定性、外汇管制、建筑主管部门的政策风险
经济风险	劳工和工作签证政策性风险	汇率风险、税务风险、通货膨胀风险、劳工和工作签证风险、当地材料价格风险、当地分包市场风险	汇率风险、税务风险、劳工和工作签证风险、当地材料价格风险、当地分包市场风险
社会风险	宗教信仰、语言文化、社会安定、风俗习惯等差异风险	不稳定的社会治安、不同的语言、不同的宗教信仰、不同的逻辑思维、不同的风俗	如何处理社会文化差异引起的工作降效
自然条件风险	项目所在地的地质条件、地理环境、恶劣气候的风险	台风、地震、海啸、飓风、暴风雨、洪水、泥石流、极端天气、工地沉降、进入工地的通道不畅等风险	如何处理好因自然条件引起的不可抗力事件
合同风险	保密协议、竞业禁止协议	合同货币和汇率风险、付款周期和现金流风险、违约责任和限额风险、技术规范风险、计划进度风险、当地市场资源差异风险、保险和保函风险等	施工图纸延误和设计变更风险、甲乙双方供应材料的风险、工期延误和逾期违约罚款的风险、合同变更管理风险、工作签证和现金流的风险
业主和管理公司的风险	业主和管理公司的信用，施工企业是否为他们服务过？	合同变更条款风险、设备和材料采购风险（甲供）、业主和管理公司的管理风格和决策速度风险	合同变更管理风险、现金流风险、甲供材料的风险、业主和管理公司引起的工期延误风险

续表

风险种类	资格预审	编制投标书	施工期间
设计风险	了解设计方是谁？过去设计的质量如何？预算的可行性	设计的规范性、设计的施工性	施工图纸的分发是否按计划进行？施工图纸的质量是否满足施工要求？比如：没有设计变更引起的返工、图纸上没有标出不允许施工的地方、施工图纸上的错误影响施工等
安全环保健康风险	是否熟知业主或管理公司在安全环保健康方面的要求	能否有效响应招标文件中业主和管理公司对安全环保健康的要求	能否执行好安全环保健康计划，做到连续无事故，获得有目共睹的安全小时，得到业主和管理公司的认可

由于项目目的各异，所以在项目风险管理方面存在不同的方法。就施工风险的管理流程而言，理论层面或学术研究方面探讨较少，而且中国的施工企业在实际操作中对此也没有强制性的要求，在这一方面存在一定的欠缺。风险识别、风险评估、风险分析以及风险控制贯穿于整个项目周期，旨在确保达成项目的既定目标；一旦项目出现新的状况，即刻需要再次进行风险的识别、评估、分析，并对新风险加以控制，采取相应措施。以上为施工项目风险管理的完整过程。

0.5 施工风险辨别和评估流程

识别风险：可以通过头脑风暴，在资格预审和投标期间邀请投标团队的成员，在施工期间邀请项目各部门主管，识别潜在的风险；还要拜访项目所在地的兄弟企业，识别潜在的风险；如果公司曾经在项目所在国做过项目，要找到上次项目的经验和教训，用于识别风险。在识别风险的过程中，还要对风险进行分类，可以参照前文表0-1。

风险评估：在识别出风险的基础上，对风险的严重性、发生的可能性和风险的优先次序进行评估，来判断哪些风险可以接受，是否要采取相应的措施，必要时要对风险划出等级。

风险分析：对于每一个风险带来的后果进行分析，来确认事件发生的概率以及可能影响项目的潜在后果。每个风险都要有相应的措施来消除或降低风险带来的影响；对于不可接受的风险，一定会有潜在的损失，采取措施都要有相应的费用，采取措施后，风险要么会完全规避、要么会减少损失、要么会转移风险等。

风险控制：利用恰当的技术或手段来规避和控制风险、消灭或减少风险事件给项目带来的损失；可以采取下述几种方法来进行风险控制：

1）风险回避是指考虑到潜在风险的严重性和发生的可能性，主动放弃或拒绝实施可能导致风险损失的方案的过程，放弃风险行为就意味着放弃了潜在的目标收益；

2）风险转移是指把风险的结果和对风险采取措施的权力转移给第三方，不能消除风险，而是把风险的管理责任转给了第三方；

3）减少损失是指通过事先控制和采取相应措施使风险不发生或一旦发生后使损失金额降到最小或尽可能挽回损失；

4）风险自留是指风险带来的后果可以承受，不会超出项目的不可预见费，可以自留风险；

5）把握机遇是指有些风险会给公司带来机遇，可以采取见机行事的做法，能够给公司带来有效的补偿。

通过介绍欧美国家工程项目风险管理学理论的演变、中国工程项目风险管理学理论研究和目前海外施工工程风险介绍，施工企业和其管理人员需要清楚不同阶段的潜在风险和应对之策，通过对风险的评估和分析，有效把控风险所带来的影响，从而实现项目的预期目标。

接下来，我们将针对施工企业在资格预审、编制投标书和项目执行阶段的风险识别与防范展开探讨。

第一部分

资格预审和投标阶段的风险识别和防范

项目初期，业主和管理公司会发布一个承包商长名单并开始进行资格预审。施工企业收到业主或管理公司发来的保密协议后，可以请公司法务部门进行审核，如果没有原则性问题，可以快速签字盖章返回。只有收到签字和盖章的保密协议后，管理公司才会进一步给施工企业发送资格预审文件，介绍项目的进展情况，包括 EPC 或施工包的合同策略、计划招标时间等，要求施工企业提交公司信息、拟参与的合同包、公司职业操守方面的规定、公司资质、设计能力、制造能力、施工能力、质量体系、安全体系和安全记录、当地类似项目经验、正在执行项目的进度、新授标项目的状况、拟用于本项目的员工人数、最近3年由独立审计公司审计过的公司负债表和损益表等。

施工企业要仔细填写资格预审文件，有不懂的问题一定要澄清，保证资格预审文件的质量；有的时候，管理公司还要求施工企业安排参观其在建项目。如果施工企业通过资格预审，管理公司会按计划给施工企业发送招标文件，一般给出1到2个月的时间要求施工企业提交投标书，期间，会安排一次标前澄清会介绍工作范围、技术规范和图纸要求、质量和安全要求、编制施工组织设计的要求、编制商务标的要求等。如果条件允许，还会安排施工企业人员做现场勘查，也会发一些合同补遗给施工企业，管理公司回答施工企业提出的问题等。收到投标书后，管理公司会安排施工企业主要人员进行述标，一般要求拟用的项目经理和主要管理人员参加述标会并就技术标书做陈述；也会有书面和会议澄清，然后就是商务谈判，最终做出授标推荐，发授标通知，签署合同和召开施工开球会[①]。

这个过程中的风险识别、评估、分析和控制乃是最为关键的环节，同时也是未雨绸缪，旨在实现规避风险、减少损失的过程。一旦发生风险，要有应急的防范预案，能够做到转移风险、保留、消除或降低风险，并且善于把握机遇。接下来，分不同的章节就本阶段的各种潜在风险作具体分析和评估。

---

① 开球会（Kick-off Meeting）是指在项目或工程开始之前，各方参与者进行的一次开工前的条件对接和协调程序的确认会。

第1章　识别资格预审期间的风险

资格预审是指采购当事人对潜在投标人的履约能力进行审查，即对投标人的财务状况、技术水平以及施工能力等方面进行考核，正式确立可以参与投标活动的合格投标人的过程。实际上是对投标人的第一次筛选，目的是在项目早期排除那些不符合资质条件和工程项目要求的投标人。

国内和国外项目的执行模式不同，施工企业碰到的风险也存在着巨大的差距。国内利用公开招标的方式，就投标人的资格预审采用了两种办法：第一种方式是资格预审，先在报纸或招标代理网站发布资格预审文件，对此感兴趣的投标人按照文件里规定的资格要求自行决定是否回应资格预审、提交资格预审文件，如果通过了，将被邀请参与公开招标，这也可以认为是一种变相的邀请招标，这一点和国外项目的执行模式有类似之处；第二种方式是资格后审，招标人会把招标文件以及资格预审文件一并公开发标，投标人要回应招标书的要求，提交投标书和资格预审文件，如果投标人是意向的中标人，则要就其提交的资格预审文件进行审核，通过了就发授标通知书。观察目前国内的实际操作，在资格审查的过程中，存在着地方保护、所有制歧视和行业垄断；《中华人民共和国招标投标法》第18条和《中华人民共和国招标投标法实施条例》第16、17、18、19和20条规定了资格预审程序的可使用性和审查对象等问题，但是却没有规定使用的条件、具体审查程序和标准，缺乏可操作性。国内纯外资项目的资格预审和海外项目的操作比较一致，但是有能力参与国内外资项目的施工企业凤毛麟角，没有普遍性，上述公开招标的模式在国内占主导地位。

国外项目的资格预审都会有严格的程序和评定标准，基本上是先做资格预审，然后再邀请招标，不采用公开招标的方式，也没有资格后审一说。

一般情况下，业主要求管理公司按以下程序，审查投标人的资格并推荐合格投标人的名单：

1) 先发保密协议（Non-Disclouse Agreement，简称 NDA），获得投标人的签字认可，有些项目还要签竞业禁止协议（Non-Compete Agreement）；
2) 再发一封是否感兴趣的问卷（Expression of Interests，简称 EOI），投标人需书面确认感兴趣；
3) 最后发资格审查问卷（Pre-Qualification Questionnaire，简称 PQ）。

在这个阶段，建议施工企业要委派专人负责和管理公司对接，要高度重视、合理组织，编制的资格预审文件要真实准确、对项目必须有针对性，英文表达得当，保证提交完整和高质量的资格预审文件，高质量的资格预审文件是能否参与下一步投标竞争的关键一步。

施工企业可以利用这个时期收集项目的有关信息，辨别出风险，评估和分析风险，找到相应的应对方案，以便规避风险或降低风险的影响。一般情况下，施工企业可以按照下面列出的风险进行辨别：

1) 法律合规风险：是否要求合同主体必须是项目所在国注册的公司？是否要求和当地公司组成联合体？会不会涉及本施工企业被制裁的问题，或者参与本项目后将会有被制裁的风险？
2) 经济风险：当地的劳工政策、工作签证；
3) 社会文化风险；
4) 自然条件风险；
5) 合同风险：保密协议、竞业禁止协议风险、公司目前是否处于合法状态。例如，是否违反了政府反贿赂、反腐败法律法规的规定，是否因贿赂、腐败问题正在接受政府部门或者法院的调查，许多资格审查问卷要求施工企业确认做他们项目时是否接受美国和英国的反腐败和反洗钱的规定？

职业操守方面的规定：

1) 是否为业主服务过？
2) 是否为管理公司服务过？

3）设计风险：了解设计方以往项目的施工图纸的发放情况和图纸质量；

4）是否能回答健康、安全和环保（HSE）的要求——主要是由美国劳工部职业安全管理局制定的 OSHA（职业安全与健康）标准，国外业主和管理公司据此制定并实施适当的健康、安全和环保措施，以确保员工的安全和健康。

接下来具体讨论上述提到的风险和应对措施，同时也增加一些案例分析以加深对风险的认识。

1.1 法律合规风险

在资格预审阶段，施工企业关注的法律合规风险主要有 2 项，即以哪家公司的名义参与资格预审、投标和项目执行？这家拟用公司是否在被制裁名单里，或者执行这个项目后是否有被制裁的风险？

1.1.1 拟用公司名称风险

资格预审文件会涉及施工企业是否在项目所在国已经注册了公司，是否会以联合体的形式参与投标和执行项目。比如：根据马来西亚政府规定，外国公司的部分股权（30%）通常必须由当地土著（不含华人、印度裔人和外来移民）拥有，当地土著不参加公司日常运营，只参与公司分红，对公司经营情况不负任何责任。另外，如需成立合资公司，当地政府规定，股权分配一般为当地公司或者个人 51%，外国公司或者个人 49%。需要强调的是，在提交资格预审文件之前，必须决定好施工企业是以什么方式参加资格预审、投标和项目执行，如果等到投标时或签署合同时要求更改公司名称，就为时已晚，会直接影响能否中标或继续签约。

1.1.2 制裁风险

如果业主或管理公司是美国公司，在资格预审的过程中，还要通过美国商务部筛选施工企业是否在被美国制裁的名单里。美国商务部下属的工业与安全局（BIS）负责编制被拒绝人清单（Denied Persons List，简称 DPL）、未核实清单（Unverified List，简称 UVL）和实体清单（Entity List，简称 EL）①。如果想了解进一步情况，可以去美国商业部工业与安全局网站查询，这个名单是动态的，读者可以利用网站查询最新的动态。

如果公司被列在"被拒绝人清单"里，则禁止美国任何企业与清单实体进行贸易，也禁止任何第三方如船运和物流公司等为清单企业提供出口服务；"未核实清单"主要针对工业与安全局无法在其先前交易中确认物品最终用途的交易实体；"实体清单"主要基于"国家安全"或"外交政策"的要求，由美国商务部、国务院、国防部、能源部与财政部共同组成的最终用户审查委员会负责对实体清单的增补、撤除或其他修改，被列入实体清单的公司或个人将被限制出口、转口和转让，受美国《出口管制条例》（EAR）的约束，美国公司如果想向"实体清单"内企业出口产品或技术、转口或转让，需要得到美国商务部许可。

"被拒绝人清单、未核实清单和实体清单"是动态的，有些在"未核实清单"里的公司可能由于证据不足会被移出，也可能证据充足后有的公司会被加到"实体清单"或"被拒绝人清单"里。所以，在进行资格预审时，施工企业要查询最新的制裁名单，只要不是在"被拒绝人清单"里，风险则可控。

另外，施工企业还要关注并查询美国国务院宣布的特别指定国民名单（Specially Designated Nationals，简称 SDN）②，如果自己公司已经在被制裁的名单里，就不要继续参与本次资格预审；如果发布资格预审问卷的业主公司是在被制裁的名单里，将来若与其有生意往来，也可能有被制裁的风险；更有甚者，如果查询到在本项目中拟用的或未来有业务往来的物流和货代公司在被制裁名单里，也会有被制裁的风险。鉴于此，施工企业应遵循公司长远发展的

---

① 美国商业部工业与安全局网站：https://www.bis.doc.gov.
② 特别指定国民名单，是由美国财政部下属的海外资产管理办公室（OFAC）负责管理，并根据情况不定期更新，是美国为维护其外交政策和国家安全目标而设立的制裁名单。被列入该名单的个人或实体将会受到经济和贸易制裁，其在美国境内的资产及权益将会被冻结，不允许美国个人和实体与其进行交易，非美国的个人和实体也可能因为与 SDN 名单中的主体进行"重大交易"而面临美国的制裁。

策略，做出最利于公司发展的选择。下面的案例比较经典，可作为施工企业的参考。

案例：中国某企业被列入 SDN 名单，其原因是他们雇用了 SDN 名单里的货代和物流公司把货物运抵业主工地，被美国政府获悉，经过调查发现，本次货物的业主和项目也在被制裁的名单了，受此影响，他们无法继续追踪由欧美国家投资和主导的某些项目的某些其他项目。

在这个阶段，施工企业选择好以什么公司名义参与项目，需确保公司名称不在美国政府制裁的名单里。另外，发资格预审的管理公司或相关业主也必须不在美国政府制裁的名单里，否则在项目执行过程中，一旦被调查到，施工企业也有可能受到美国政府的制裁并由此失去许多海外项目机会。

1.2 劳工和工签政策风险

在资格预审的过程中，需要适当了解当地的劳工和工作签证政策，对项目用工情况有个初步的计划；一般项目所在国会设定本地工人和外来劳工的比例，优先照顾传统劳务输出国，会接受来自这些国家的普通施工工人，而对于非传统劳务输出国，则只会接受技术和管理人员。

案例一：马来西亚建筑业设定了本地工人和外来劳工的比例，并且是动态的，在引进劳工之前，优先雇佣当地劳工，只有在当地劳工不足的情况下，才允许申请外籍劳工。在马来西亚，建筑业的施工工人主要来自印度尼西亚、孟加拉国、缅甸和尼泊尔等国家，中国不是马来西亚传统的劳务输出国，如果计划从中国派遣施工工人，必须以技术人员的身份申请，否则会被拒绝颁发工作签证。

案例二：沙特阿拉伯在承包工程领域一方面允许大规模引进外籍劳工，另一方面又严格执行"沙特化"政策[①]。根据法律和当地政策，政府投资项目必须在使用外籍劳工的总数基础上保证雇佣 5% 的沙特籍员工，私人投资项目必须雇佣 10% 的沙特籍员工，对于计划大量引进本国员工的中国施工企业，会受到

---

① "沙特化"是沙特阿拉伯政府实施的当地化政策，目的是增加当地就业，减少外籍劳工。

"沙特化"政策的巨大压力。

案例三：对于持工作准证人员（Work Permit），为了控制外籍劳工的就业比重，新加坡政府根据每年的失业率会调整出一个灵活的配额制度，被称为"依赖比"（Dependence Ratio）。2007年，由于失业率为10年来的最低点，政府为了满足市场对劳动力的需求，将建筑业和加工业的外籍劳工依赖比从80%提升到87.5%，到2010年，这个比例保持未变。但是，由于新冠肺炎疫情影响了新加坡的就业，根据2022年2月20日发布的消息，新加坡政府调低了建筑业和加工业的外籍劳工依赖比，即50%，于2024年1月生效。S准证（S Pass），指发给技术工人的就业许可，每个公司持证人员最高可达25%。新加坡的传统人力资源国是马来西亚，非传统人力资源国是孟加拉国、印度、泰国、缅甸、菲律宾、斯里兰卡和巴基斯坦，中国属于东北亚资源国和非传统资源国，来自于中国的工人需要交给政府每人5000新元的保证金，如果工人或雇主违反了工作准证的条件，政府将没收这笔保证金。

在这个阶段，施工企业需要了解清楚项目所在国政府对外来用工和工作签证的政策，根据自己的用人计划，分析判断此风险的严重性和发生的可能性，采取什么措施可以保证一旦中标，人员能够按时动员到项目上，并作为是否可以参与资格预审的参考条件。

1.3 文化差异风险

社会文化风险是指在宗教信仰、语言文化、社会治安、风气习俗等方面存在的差异所产生的风险。海外工程的参与方可能来自五湖四海，不同国家之间的社会文化差异必然给施工的实施带来很多不确定因素，从而增加施工的风险。比如：在某些宗教信仰的影响下，信徒会在日常工作中依据宗教仪式的规范，合理规划时间，保障宗教活动的有序开展。语言的差异会带来沟通上的困难，特别是管理人员和工人之间，造成耗时和潜在的误判。社会治安会给项目带来不确定性，影响进度执行。风气习俗会导致工人低效工作，会使施工企业低估了效率因素，影响项目的按时完工。

案例：东南亚的一个石油化工项目，中国施工企业负责项目的施工总包，在项目的执行过程中，雇用了许多来自巴基斯坦、印度、印度尼西亚、孟加拉国、尼泊尔的工人。首先遇到了语言问题，每天早上安全宣贯（Tool Box）和工作安排时，需要中文、英语、马来语、印度语和工人进行交流，为了提高效率，后来干脆雇佣当地的班组长，他们可以用不同的语言直接和工人沟通；工人每天上午和下午可以分别有30分钟的喝茶休息时间，实际上，如果不去管理，工人大约50分钟后才会回到工位工作。有一次管理公司的高层领导参观现场，发现了这个问题，施工企业才开始加强管理，后来有了改善。以上遇到的这些问题降低了施工效率，超出了施工企业投标时的预估。

在这个阶段，施工企业要了解由此带来的效率和沟通风险是否可以通过加强管理和采取相应的策略得到良好的控制，以便判断施工企业是否参与项目的资格预审。

1.4 不利的自然条件风险

自然条件风险是指项目所在地存在不利的自然环境给施工带来的潜在风险，包括复杂的地质条件、偏远的地理环境、恶劣的气候条件和不可抗力等风险因素。这些不利的自然环境因素不仅影响施工的实施，甚至可能造成重大损失。比如：超出正常值的降雨、暴雪、大风，极低或极高的温度等，可能不属于不可抗力范畴，无法获得工期延误的认可，却对项目工期和成本影响巨大。

案例：某东南亚国家规定，项目工地上必须安装雷电报警装置，在雷电到达工地1个小时前，报警启动，要求施工企业的工人立即放下手中的工作并撤离工地，到指定的避雷场所休息，等到警报解除后，再返回工地工作。这个国家雨季长，雷电发生频率高，每次报警影响2个多小时，一年下来，施工企业因工人避雷而产生了额外成本。这家中国施工企业曾经提交索赔，原因是他们没有被告知这个国家有这样的法定要求，后来这个要求被管理公司拒绝了，管理公司认为他们作为在这个国家常年实施项目并且有丰富经验的施工企业，应该知道这种法定要求。

在这个阶段，施工企业要了解因项目所在地自然环境引起的风险，如果实施应对措施后能够规避或减少这些风险带来的影响，则可以参与项目的资格预审。

1.5 合同风险

在这个阶段关注的合同风险主要是指保密协议和竞业禁止协议给施工企业带来的风险，如果同意签字后，是否可以顺利执行这些协议而没有影响到企业未来的战略发展是考虑的重点。

1.5.1 保密协议

业主或管理公司要求施工企业先签保密协议，然后再开始资格预审的程序。施工企业一般会要求法务部门进行审核。通常，施工企业没有能力和业主谈保密协议的条款变更，除非该企业特别强大或者拥有独家的技术，业主不得不用。保密协议是指业主或管理公司和施工企业之间签署的管理保密信息的合同，有的业主或管理公司只要求施工企业签署单方的保密协议。保密协议会定义出什么是保密信息，在未征得业主或管理公司书面同意之前，不允许施工企业的高管、员工、分包商、供货商及其关联公司等把保密信息披露给第三方。保密协议适用法律均为项目所在国法律，仲裁机构有的是采用设在项目所在国的仲裁机构，但大部分是采用国际上公认的仲裁机构。目前，世界上主要的仲裁机构有国际商会仲裁院、瑞典斯德哥尔摩商会仲裁院、美国仲裁协会、香港国际仲裁中心、英国伦敦国际仲裁院、中国国际经济贸易仲裁委员会和新加坡国际仲裁中心。但是保密协议的有效期差异性很大，比较常见的为3年，也有15年和25年有效期的保密协议，即使保密协议有效期过了，施工企业依然不能把保密信息披露出去，除非这些信息已经成为公共信息。保密协议是目前海外大型项目要求必签的文件，只要施工企业没有把收到的信息用于其他目的，一般不会有风险。

1.5.2 竞业禁止协议

海外大型项目一般不要求签竞业禁止协议，但是有些技术敏感度极高的项目，比如：美国某材料公司的玻璃产品项目，会要求施工企业签署竞业禁止协议。竞业禁止协议是指施工企业执行完业主 A 的项目后，将不允许直接或间接地与业主 A 的竞争者签署类似项目的施工或服务合同，协议有效期一般为完成项目后的 5 年。有的施工企业考虑到项目执行期再加之后的 5 年，大约会有 7～10 年之久不能做类似的项目，就会拒绝签署竞业禁止协议，这种情况下，业主就会停止对这家施工企业进行资格预审。

在资格预审的过程中，业主和管理公司还会要求施工企业回应公司目前是否处于合法状态、公司内部管理层是否有项目所在国政府官员的亲戚持股、是否有业主和管理公司的亲戚持股，要求施工企业提供有关企业职业操守方面的规定，并说明这些文件规定是否与西方国家的反贿赂、反腐败法律相冲突，施工企业是否接受业主方的职业操守规定等；要求施工企业披露是否因贿赂、腐败问题正在接受政府部门或者法院的调查等。施工企业被要求提交英文版的公司职业操守规范和个人行为准则。基于以上要求，建议施工企业制定出涵盖整个项目周期的、符合国际法规的职业操守规范和个人行为准则，用于资格预审。

综上所述，施工企业要综合评估保密协议、竞业禁止协议和公司合规要求，如果风险可以得到控制而不会影响公司的有效运作，则可以参与本项目的资格预审。

1.6 业主和管理公司的信用风险

业主和管理公司的信用风险是指业主或管理公司在以往执行类似项目时，处理合同变更是否公正、有无拖欠施工承包商的款项、在施工过程中遇到问题时能否快速解决、管理团队是否具备国际项目管理经验。例如：管理公司履职不利、业主缺乏国际工程的咨询顾问、业主对项目定位不准确以及业主合同管理能力不足等，都将对工程的顺利进行造成影响。可以通过曾经为该业主或管理公司服务过的施工企业，了解业主在上一个项目上的融资能力、给施工企业付款的及时性和决策速度等，了解管理公司的项目执行能力、人员的素质和处理问题的专业化程度。

施工企业辨别出不利风险，综合评估这些风险对项目成功的重要性和发生的可能性，采取相应策略后，是否可以有效规避或减少影响，以便决定是否参与本项目的资格预审。

1.7 设计风险

在做资格预审的过程中，施工企业可以了解一下设计方是哪一家？一般说来，EPCm 或 EPC 承包商自己做详细设计，他们有严格的质量保证体系确保设计质量。比如：马来西亚某大型石油化工项目的 IOU 包的详细设计就是由一家美国和法国知名承包商组成的联合体共同完成的，对于设计质量和出图进度都会管理得很到位。

施工企业需要着重了解本项目设计方在以往项目上的设计质量。例如：施工图纸有没有滞后完成或施工图纸不完善而影响工期的先例。如果是上述两承包商组成的联合体执行项目，因图纸问题而造成的风险不会大，可能施工企业在合同执行初期对施工图纸的延误有些抱怨，不过，很快就会变成图纸的颁发速度超出施工企业的人力动员速度，施工企业反过来被要求加大动员力度，保持充足的施工人员在现场。

通过调研，如果发现有这方面的风险，施工企业要评估这些风险对项目执行的影响，若采取加强自身设计团队的能力，是否可以缓解这方面的风险；有的施工企业把这方面的风险视作机遇，有可能在项目执行过程中能够帮助他们得到一些额外的补偿。综上所述，施工企业可以依此作出决定，是否参与本项目的资格预审。

1.8 HSE 的风险

在资格预审文件里,业主和管理公司要求施工企业回应有关职业健康安全标准(OHSAS)方面近三年的表现和量化的记录。比如:损失工时(Lost Time Injury,简称 LTI)[①]、限制工作工伤(Restricted Work Injury,简称 RWI)[②]、医疗救治工伤(Medical Treatment Injury,简称 MTI)[③]、急救性工伤(First Aid Injury,简称 FAI)[④]、可记录工伤(Recordable Injury,简称 RI)[⑤]等的历史数据,并且还要求计算出每百万工时失去的时间工伤率(Lost Time Injury Frequency Rate,简称 LTIFR)[⑥]、可记录的工伤率(Total Recordable Injury Frequency Rate,简称 TRIFR)以及所有事故的发生频率(Frequency Rate,简称 FR),其后回答有关 OHSAS 的问题。

大部分海外项目执行 OHSAS 18001 和 OHSAS 18002 标准,OHSAS 18001 是企业用来认证的标准,OHSAS 18002 是对前者要求的阐述和实施指南。这个标准和中国施工企业在国内执行的 HSE 标准有很大的差别,施工企业往往对此认识和准备都不足,虽然在执行国内项目时中国施工企业在 HSE 方面提出了"高标准"和"严要求"的标准,但是往往缺乏执行力度;如果按照这种惯性,中国施工企业做不到不折不扣地执行此 OHSAS 标准,即做不到:写我所做,做我所写。

若施工企业已对上述标准有充分的了解且具备执行能力,则可积极回应资格预审问卷。倘若对上述标准了解不够充分或者未曾执行过,但其仍有意参与该项目,则需提前做好准备,明晰要求,安排熟知此标准的专家回复问卷;同时配备经验丰富的人员,为后续的投标工作做好准备。

---

① LTI,可记录的安全事故。
② RWI,可记录的工伤,医生建议可以返回工作岗位,但需要一定程度的限制性工作。
③ MTI,受伤后由医院医生进行的一些医疗处理,没有损失工时,也没有转到其他岗位上。
④ FAI,创可贴工伤。
⑤ RI,可以记录的工伤包括死亡、LTI、RWI 和 MTI。
⑥ LTIFR 是衡量工伤发生率的指标,指单位时间内(通常是一年)每百万个工时小时中的工伤事故数量。

1.9 本章小结

本章主要从政治风险、劳工和工作签证风险、文化差异风险、不利的自然条件风险、合同风险、业主和管理公司的信用风险、设计风险和HSE的风险等方面，阐述了施工企业在资格预审阶段需要关注的各类风险及应对策略。主要风险因素如下：

（1）法律合规方面，施工企业需关注以何公司名义参与及该公司是否在被美国政府制裁的名单里。同时，也要关注本项目业主或管理公司是否在被美国政府制裁的名单里。

（2）要了解当地劳工和工作签证政策，如马来西亚、沙特阿拉伯、新加坡、科威特等国的相关规定，在这些国家大型项目相对比较多。

（3）理解文化差异方面的风险，包括宗教信仰、语言文化、社会治安、风气习俗等差异带来的风险。

（4）考虑不利的自然环境因素，如地质、地理、气候和不可抗力等。

（5）合同风险方面，包括保密协议、竞业禁止协议、公司合规要求等。

（6）业主和管理公司的信用风险方面，关注其在类似项目中的表现，如合同变更处理、款项拖欠、问题解决能力等。

（7）设计风险方面，了解设计方情况及以往设计质量。

（8）HSE的风险方面，需回应业主和管理公司关于职业健康安全标准的要求。

基于上述风险做出评估后，施工企业方可做出决定是否参与本项目的资格预审，如果通过了预审，接下来施工企业将会收到招标文件。下一章将讨论投标期间需要识别出的风险。

第 2 章 识别投标期间项目所在国风险

我们在第 1 章讨论了决定是否参与资格预审的风险,在第 2 章主要讨论投标期间的风险。首先从项目所在国的风险谈起,虽然标题和第一章有部分重叠,比如政治风险、社会文化风险和自然环境风险,但是其内容完全不一样,主要专注于讨论影响投标书技术水平和报价竞争力的风险。

2.1 政治风险

施工企业要辨别如下风险,即战争和暴乱、政府政策的稳定性、外汇管制、建筑主管部门的政策以及制裁给项目执行带来的风险。

2.1.1 战争和暴乱引起的不可抗力风险

海外大部分项目都是由项目所在国的知名公司和国际上知名大型企业合资的,在投资决策之前,已经对于潜在的战争和暴乱发生的可能性做过风险分析,施工企业在这方面可以放心。笔者观察到,大规模投资项目的国家相对都比较安全。比如:沙特阿拉伯、科威特、印度尼西亚、马来西亚等。但是,施工企业要关注招标文件里有关"不可抗力"条款的描述内容,在项目执行过程中,如果在项目国家或周边国家发生战争或暴乱,会给项目带来什么影响?怎样用"不可抗力"条款处理这个风险?

"不可抗力"是人力所不可抗拒的力量,海外的施工合同条款相比国内的施工合同和有关法律,在"不可抗力"的范畴上做了更明确的界定,这样可以减少不必要的争议,有利于双方的权益得到相应的保护。笔者用《FIDIC 施工合同条件(1999 年第 1 版)》19.1 条款中有关"不可抗力"的范畴做进一步的说明:

在本条款中,"不可抗力"系指某种异常的事件或情况:

(a)一方无法控制的;

(b)该方在签订合同前,不能对之进行合理准备的;

(c)发生后,该方不能合理避免或克服的;

(d)不能主要归因于他方的。

只要满足上述(a)~(d)项条件,"不可抗力"可以包括但不限于下列各种异常事件或情况:

(i)战争、敌对行动(不论宣战与否)、入侵、外敌行为;

(ii)叛乱、恐怖主义、暴动、军事政变或篡夺政权,或内战;

(iii)非承包商人员和非承包商及其分包商的其他雇员所造成的骚动、喧闹、混乱、罢工或停工;

(iv)战争军火、爆炸物资、电离辐射或放射性污染,但可能因承包商使用此类军火、炸药以及辐射或放射性引起的除外;

(v)自然灾害,如地震、飓风、台风,或火山活动。

"不可抗力"引起的风险是业主的风险范围,如果因此延误了工期,施工企业要按照《FIDIC施工合同条件(1999年第1版)》19.2条款(不可抗力的通知),在觉察到构成"不可抗力"事件发生后14天内通知管理公司(或驻地监理工程师),可以得到相应的工期延长,但是由此引发的费用损失需自己承担。

鉴于此,上述引用的菲迪克条款(i)(ii)(iii)和(iv)定义了战争和叛乱为"不可抗力"的范畴,施工企业要了解合同要求。以下案例是一家中国公司在中东做项目时遇到的,虽然项目国家没有发生战争,但是周边国家的战乱给货物运输带来风险,致使项目工期受到影响并发生了额外的运输成本。

案例:有一家施工企业,他们需要从中国购买设备和材料,通过苏伊士运河运到沙特的工地,这条线路是最便捷的,也是他们在投标书里描述的计划和报价的基础。但是,在项目执行过程中,因为周边国家之间的战争,导致通过红海的商务船只遭受到了导弹袭击,造成货运代理公司全部停止通过苏伊士运河的货物运输,而是经印度洋、绕过非洲南端的好望角,这样海运时间就额外多出 3 周，运费亦翻倍，给施工企业带来计划延误和成本损失。这种影响属于"不可抗力"，工期延误方面得到了管理公司的认可，但由此产生的额外费用则由自己承担。

通过以上案例的风险分析，施工企业要关注项目所在国和周边国家的潜在战争和暴乱风险可能会间接地影响到项目的顺利执行，做出工期延误和不可预见费用的预判，落实在投标文件中。同时制定出处理这个风险的策略和预案，为中标后项目执行团队提供依据，以便他们进一步制定如何处置这方面"不可抗力"的措施。

2.1.2 政策稳定性风险

政府政策的稳定性是指项目所在国因国家领导人选举制度的差异而带来的政党和领导人更替给整个项目带来的影响，相应的会给施工企业的施工进度带来风险，这种风险是致命的，施工企业一般无法控制也无法转移。项目所在国选举一般有两种方式：第一种是法定选举，国家通过宪法规定了选举的周期和选举方式，属于"硬约束"；第二种是突发选举，因政变或经济环境恶化等突发事件导致领导人的选举提前进行。通过对项目所在国过去几届国家领导人选举的分析和评估，可以用以下三个维度去评估风险：项目所在国的经济自由度、法律约束力以及清廉程度。

经济自由度低的国家，政府对企业的干预度就大，对企业的投资意愿和经营效率会产生负面影响。施工企业要选择经济自由度相对较高的国家，可以保证项目稳定的可持续发展，进而保证施工企业的合法权益以及有效经营公司。

法律约束力高的国家，法律对政府行为起着监督和制约的作用，企业投资的合法权益会得到充分保护。施工企业对于法律约束力相对较低的国家要格外小心，要分析风险并考虑如何采取措施来保护好自己的合法权益。

清廉程度相对较低的国家，企业投资的不确定性升高，市场竞争不透明，可能会带来"寻租"的成本，从而给项目带来负面影响。对于清廉程度相对较低的国家，施工企业要分析并采取措施以避免或减少此方面的风险。

总之，在分析了上述风险的基础上，施工企业可以把相关的策略制定出来，把落实下来的费用编制在投标书里，同时为将来的项目执行团队提供进一步制定和执行策略的依据。

2.1.3　外汇管制风险

财政赤字率、负债率和通胀水平都可作为判断一国货币汇率稳定性和外汇管制松紧程度的重要指标。施工企业在调研过程中，会发现项目所在国可能存在"三高"的情况，即高赤字率、高负债率和高通胀率，这样的国家会出现贸易赤字严重、外债偿还能力不足、通胀引发劳工和材料成本大幅上涨，继而出现汇率贬值，并可能导致项目所在国采取严格的外汇管制政策。存在"三高"的国家，会出现外汇汇率不稳，政府有严格控制外汇汇出的政策，会给施工企业带来经济损失，挣到的利润很难汇到自己国家，或者项目所在国会收取高额的税费，银行在汇款方面有各种要求，很难达到外汇汇出的条件等。因此，在投标过程中，施工企业要征求驻外大使馆经济参赞处、外汇管理局、银行和咨询机构的建议，制定出解决外汇汇出难的措施，打通外汇汇款通道，同时了解项目所在国政府有关部门的要求，如何申请豁免税费等对策。对于确实无法跨境汇款的资金，制定出是否可以把资金留在当地以备急需或调剂使用的策略，或者在遵循相关法律法规和监管要求下，比如是否和在当地的中国企业以真实的贸易背景为由互通资金有无，双方实现境外投资国内结算，将无法汇回的资金合理利用起来。

鉴于此，施工企业要特别关注外汇管理政策对项目的影响，制定出的方案需确保项目执行期间的外汇可自由使用。比如：供货商的付款、国内管理人员的花费、母公司管理费、归还母公司垫资或银行贷款等。施工企业在投标书里需向管理公司或业主提出有关如何保证外汇自由汇出的要求和推荐的方法，以便得到他们的支持。将来的项目执行团队可以根据投标时的风险评估和策略，做进一步的完善。

2.1.4 建筑主管部门的政策风险

施工企业在投标的过程中,如果没有了解清楚项目所在国建筑主管部门的要求,会造成项目执行过程中计划的拖延和成本的亏损。施工企业可以通过曾在该国做过项目的兄弟公司、当地咨询公司或驻外大使馆经济商务参赞处了解情况,一般会涉及项目人员认证、消防的验收程序、对压力容器的要求等。

例如:根据1994年马来西亚颁布的520法令,凡是在施工现场工作的有关人员(包括一般工人、半熟练工、熟练工、现场主管、项目管理人员和其他雇员),必须持有马来西亚建筑工业发展局颁发的CIDB卡,如果发现员工没有获得CIDB卡就在工地工作,每人罚款5000林吉特。办理CIDB卡有一定的程序,需要在指定的地点参加一整天培训,如果施工企业人员比较多,也可以请由马来西亚建筑工业发展局委派的老师来现场办公地点授课。获得CIDB卡后,每个员工可以持证上岗,同时可以得到一定的人身伤亡保险保障。需要提醒的是,施工企业给员工申请CIDB培训的先决条件是施工企业必须在马来西亚建筑工业发展局获得CIDB的建筑资质并且获得业主和管理公司的授标函。CIDB卡也称为绿卡(Green Card),16岁以上到70岁以下人员都可以申请,有效期最短1年,最长5年,收费标准:第一年35林吉特、第二年60林吉特、第三年85林吉特、第四年110林吉特、第五年135林吉特。这是2023年9月份的查询结果,具体以马来西亚建筑工业发展局的通知为准,可以查阅马来西亚建筑工业发展局管网了解掌握相关政策[①]。

此外,马来西亚建筑主管部门要求,只有持脚手架安装证书的当地工人才可以搭设脚手架,不允许外国劳务人员搭设;马来西亚负责输送电力的工人必须是持有证书的当地工人,不允许外国劳务人员送电。

只有了解了项目所在国建筑主管部门的这些要求,施工企业才可以在投标书里做出细致的安排,合理计划人员动迁和花费,避免产生额外的费用。

---

① 马来西亚建筑工业发展局官网:https://www.cidb.gov.my/eng/construction-personnel-registration-green-card/.

2.1.5 制裁给项目带来的风险

之前在第1章讨论了美国商务部颁发的"实体清单"和美国财政部海外资产管理办公室（OFAC）颁发的"特别指定国民清单"（SDN），涉及实体清单企业从美国进口敏感技术和设备时的审查制度以及美国政府制裁"特别指定国民清单"（SDN），实体清单里的公司和个人需要许可才可以从美国进口、转口或转让敏感技术和设备，特别指定国民清单里的公司和个人不允许与美国或其盟友的企业有进一步的生意往来。因此，在投标的过程中，施工企业需要确认这些政策的变化可能引起的潜在合规和法律风险，以及项目所在国由此引起的不利于施工企业的政策等，因为上述情况都会存在使工程中断从而造成巨大损失的风险。

2.2 经济风险

施工企业要辨别如下风险，即汇率风险、税务风险、通货膨胀风险、劳工和工作签证风险、当地材料价格风险以及当地分包市场风险。

2.2.1 汇率风险

施工企业在海外做项目时，主要从国内进口材料和设备，从国内派遣技术和管理人员，甚至派遣熟练工人，比如焊工、管工等，需要大量地使用硬通货币兑换成人民币，支付国内的材料和设备款、人员工资及补助，还要给母公司上交管理费。一般情况下，使用硬通货币汇回总部，由母公司结汇。因此，海外项目对硬通货币的需求比较大。硬通货币指国际信用较好、币值稳定、汇价坚挺的货币。可以自由兑换和汇兑，一般指美元、欧元和英镑等。

参与项目追踪、投标报价、合同谈判的成员应该具备汇率风险意识，了解项目所在国货币的汇率走势，知晓招标文件里对货币的要求和工程款的支付条款。同时也要了解施工企业计划采购的材料和设备以及从哪个国家采购，有能力对汇率带来的损失风险进行量化分析，确认出一笔不可预见费或综合评估汇率带来的风险，放到投标报价里。

一般情况下，业主和管理公司的招标文件里要求的合同结算货币以当地币居多，对于有"三高"（高赤字率、高负债率和高通胀率）风险的国家，施工企业需要跟业主和管理公司沟通，尽量使用汇率稳定的货币签约和结算。

比如有家公司在马来西亚项目上用美元签约，2014年签合约时用的汇率是1∶3.278（美元∶林吉特），2016年12月份合同执行完毕时的汇率是1∶4.132（美元∶林吉特），用美元兑换成马来西亚货币（林吉特）时获得的汇率差给项目带来了红利。反过来，如果这家公司当时用马来西亚林吉特签署合同和工程款结算，按照2014年9月时的汇率1∶0.3045（林吉特∶美元）作为报价的基础汇率，2016年12月时的汇率是1∶0.222（林吉特∶美元），扣除了在项目国家要花的当地币外，剩余的款项就会因汇率而造成经济损失。需要提醒的是，近年来，由于中美贸易战不断升级，因美元和人民币的汇率不稳定而导致的损失屡见不鲜，进一步证明了用硬通货币签署合同的重要性。

2.2.2 税务风险

施工企业在投标的过程中，会存在对项目国税收制度、涉及的税收主体、征收税务对象、缴税信息数据和怎样缴税、缴税额度、税收的减免政策等方面缺乏全面的了解，对于中国和项目国之间的税务互免政策也不清楚，同时对自己施工企业的财务制度了解不全面，会造成报价中的漏报或误报。在项目执行过程中，不得不按项目所在国法规执行，由此造成经济损失。另外，目前国内的会计管理体系已经不能满足海外项目信息管理的要求。

对于大型项目的施工承包商，业主和管理公司一般要求国外施工企业在项目所在国注册公司后方可参与投标，承担纳税义务的是这家注册公司，所以必须了解当地的税务要求，以便在投标文件里体现。如果需要在当地购买材料和设备，支付货款时会涉及代扣代缴增值税或所得税，一旦报价时的税务安排与实际执行过程产生了偏差，就会造成损失。对于很多施工企业，无论从国内还是在当地雇佣管理人员、技术人员及工人，都会涉及个人所得税的代扣代缴，如果报价时税率不对，执行时就会造成成本损失。下面讨论一下在投标时如何筹划税务方案。

首先，施工企业要委派具有国际财务制度理念和懂得项目所在国税务制度的人员参与投标团队，可以通过参访在当地的兄弟公司取得一手信息，或者拜访中国驻外大使馆经赞处得到相应的指导。也可以找当地的税务咨询公司做税务的尽职调查，要求对项目所在国的税收法规、税收征管、会计制度和与中国签订的双边协议做详细的调研，重点关注和招标文件相关的规定，形成调查报告；很多西方的工程管理公司会利用国际上知名的咨询公司了解当地的税务政策并给出报告，比如四大会计师事务所。一般情况下，中国施工企业总公司出面投标，执行项目时是以在当地的注册公司为主，根据调查报告和招标文件规定的投标要求，做出相应的税务方案。如果根据两国双边的税务协议有免税项目，可将该协议的免税项目上报国内的税务部门批准，以避免双重征税风险。

其次，要注意招标文件里有关税种、征收基础、税率条款的约定，如果要求投标商报价时不含税，支付工程款时业主负责项目所在国应纳税金，并将税金计入付款中，这样对施工企业风险最小。如果招标文件要求投标书的报价含税，就要准备把应缴税金单列后提交报价，但还是建议向业主及管理公司申请提交不含税报价。

最后，对于需要从国内或第三国采购的材料和设备，要了解项目所在国对进口货物所征的进口关税和清关费，需要包括在报价里。

以上主要讨论了施工合同的税务风险，如果施工企业投标的项目是EPC总包合同，需要了解如何根据业主和管理公司的要求分拆合同：一般情况下，EP（设计和采购）是离岸（Offshore）合同，在施工企业的总部执行；C（施工）是在岸（Onshore）合同，由施工企业在项目所在国注册的本地公司执行。施工企业除了了解以上在岸施工合同的税务风险外，还要了解离岸EP合同的税务风险，也就是在增值税、所得税和关税上做出安排，含在报价里。

2.2.3 通货膨胀风险

通货膨胀是指一个国家在一段时期内大多数商品和服务的价格普遍、持续上涨，导致货币购买力下降的经济现象。通货膨胀不仅仅是价格的上升，还涉及货币供应量、经济增长、供求关系等多种因素的综合作用。通货膨胀率居高不下取决于很多不确定性的因素，比如2022年的通货膨胀率的预测依据来源于供应链瓶颈、商品需求上升和服务需求下降、各国央行的总体刺激措施、新冠肺炎疫情结束后的经济复苏政策、劳动力短缺、地区冲突对能源和粮食价格的影响等。

根据鲁奇尔·阿加瓦尔和迈尔斯·金博尔的研究，"成功控制通胀"的定义是指自1990年以来连续三年每个季度的通胀维持在4%以下；"通胀失控"则是指在36个月内通胀均超过4%[①]。项目所在国的通货膨胀如果得不到有效控制，会提高材料和设备的采购成本，当地人工工资和物价持续上涨会带来货币贬值。施工企业一般是以合同包干价或清单单价合同报价，这样一来，会给施工企业带来重大亏损。

施工企业在投标的过程中有必要对项目所在国通货膨胀的历史数据进行分析，预判以后的趋势，把趋势量化成不可预见费用，含在报价里以抵御风险。然而，由于影响通货膨胀的因素很多，很难预测其趋势，在投标的过程中，建议施工企业可以参照国际货币基金组织（IMF）发行的"世界经济展望更新"，详见注释中的网站链接[②]。比如，2023年7月份展望，"全球通胀将从2022年的8.7%（年平均值）下降至2023年的6.8%和2024年的5.2%，这与4月预测值基本一致，但高于新冠肺炎疫情前（2017~2019年）约3.5%的水平"。同时通过项目所在国咨询公司进行调研或通过我国驻外大使馆经赞处帮助获取具体的预测数据进行分析，把预期的通货膨胀率考虑在材料和人工费用的报价中。

2.2.4 劳工和工作签证风险

就工作签证风险，我们在第1章第1.2节就是否参与项目资格预审做

---

① 鲁奇尔·阿加瓦尔，迈尔斯·金博尔. 通胀是否将维持高位? [J]. 金融与发展，2022, 6: 24-27.
② 国际货币基金组织官网：https://www.imf.org/zh。

了初步的讨论,本段将针对投标过程中施工企业如何识别此风险展开讨论。笔者根据对中国施工企业的观察和分析,大部分施工企业都会遇到下列挑战:

1) 政策性风险:不了解项目所在国的用工政策,对外来管理人员和工人有关工作签证的法律法规缺乏了解;不了解工签办理流程;不了解办理签证需要多长时间;不了解发生的费用等,盲目地将过去经验用于新的国家和项目。等到中标后开始执行项目时,才发现存在着巨大的差距,造成工作签证办理时间延长和发生额外的费用,影响项目执行和成本增加。

2) 计划性不周:施工企业没有计划好人员安排,投标时的人员计划和项目中标后的人员计划将会发生很大的变化。比如管理人员(间接费人员)和工人(直接费人员)的总需求发生了变化,原计划中的从国内派遣人员、项目所在国雇佣人员、从第三国雇佣人员的数量和安排发生了变化,主要人员临时调换需请求业主和管理公司重新面试并获得他们的批准等,因此延误了时机,耽误办理工作签证的时间,不能及时把人员动员到项目上,最终因为人员动员不及时而影响项目的执行,会带来工期延误和逾期违约罚款的风险。这个风险一般施工企业很难承受,必须高度重视。

3) 专业性风险:施工企业往往不重视这方面的工作,没有安排专业人员全方位负责,一来造成投标过程中没有很好地调研有关的法规、政策、用时和费用,同时没有很好地落实人员计划,以至于在中标后开始实施项目时,遇到各种困难和问题;二来没有专人自始至终去执行计划、全程追踪办理并及时解决问题。

在投标的过程中,上述的风险分析和应对策略对编制高质量的投标文件和成功中标至关重要。施工企业可以通过当地的中介、有经验的兄弟公司或中国驻外使馆经赞处了解当地的用工政策,申请工作签证的文件和流程、收费标准等。

以中国人办理去沙特的工作签证程序为例,说明办理工作签证过程的复杂性和政策性，施工企业必须一步步地按此程序办理才是正道。根据沙特阿拉伯王国政府的规定，外国企业如果需要申请工作签证，必须找一家当地有能力且信誉好的代理机构全权负责，外国企业在当地注册的公司需要和这家代理机构签署至少一年的代理协议，费用根据谈判的情况决定。比如有一家中国施工企业在2012年左右谈的代理费用大约每月11000里亚尔，外加每月500里亚尔的交通补助、每月500里亚尔的家庭保险、为基本工资30%的房屋补贴以及办公室房租每年100000里亚尔。企业和代理要一起准备如下的文件：

1）和业主或管理公司签署的施工合同，由沙特城乡事务部和建筑行业协会指定的翻译公司翻译成阿拉伯文；

2）沙特投资部颁发的投资服务许可证（Service Investment License，银白色单据）；

3）沙特工商部颁发的营业执照（Commerical Registration，绿单）；

4）施工企业当地注册的公司办公室租赁合同或自有产权证明；

5）宗教课税纳税证明（ZAKAT）；

6）施工企业在当地注册的公司社保缴纳证明（Social Insurance）；

7）人力资源和社会发展部劳工事务次大臣签发的用工证明申请函（即"沙特化"比例的统计证明）；

8）施工企业当地公司加入沙特商工会的证明（沙特商会联合会——沙特工商会理事会，蓝色单据）；

9）施工企业在当地注册的公司致项目所在地辖区投资局申请工作签证的支持函及附件，包含人员、工种、人数、国籍、出生地等信息；

10）项目业主给项目所在地辖区投资局发的工作签证支持函；

11）项目总承包商给项目所在地辖区投资局发的申请工作签证的支持函；

12）人力资源和社会发展部劳工事务次大臣签发工作签证回执的备忘录（黄单）。

上述文件准备好后，由代理持有施工企业当地注册公司的介绍信前往项目所在地辖区内的投资局提交申请材料，当地投资局审核通过并造册登记后，把审批意见提交到在利雅得的沙特投资部，沙特投资部会在90个工作日内和有关的部门（外交部、内政部、商业部、人力资源和社会发展部、社会保险总局、沙特商工会、宗教事务部等）逐一核对文件并会审签字。之后，由人力资源和社会发展部部长正式批准国外企业的当地公司提交的工作签证配额。

施工企业拿到批准的配额后，应该马上通过银行向人力资源和社会发展部支付签证指标配额费和手续费，配额费每人2500里亚尔，申办长期居住证的费用是每人每年750里亚尔。另外，如果把商务签证转成工作签证，一次性缴纳8000里亚尔，这些费用会进入沙特阿拉伯的国库，在收到费用后，沙特人力资源和社会发展部会把审核意见发给沙特内政部继续审议复核备查。此后，沙特内政部出具工作签证指标配额证明，一式两份，一份给到申请的施工企业，一份给到沙特驻华大使馆。施工企业要把收到的配额证明给到沙特驻华大使馆指定的中介机构，作为向大使馆提交工作签证申请的依据，该证明有效期一年，内容详细注明了企业申请工作签证的工种和数量。通常在沙特境内办理工作签证的时间至少3个月。

之后通过沙特驻华大使馆在北京指定的中介，统一提交齐全的申请资料给到沙特驻华大使馆，并附上沙特内政部发的配额证明，大使馆在实际核发签证后，会从批准的配额里逐一减除，直到用完指标配额为止。拿到沙特驻华大使馆贴在护照上的、有效期为90天的工作签证后，签证手续才算完成。在北京需要提交如下的文件用以申请工作签证：

1）沙特人力资源和社会发展部劳工事务次大臣签发的返签确认函（A4纸大小的黄色竖格单据），亦称工种单，即指标配额原件；
2）沙特外交部核准认证的沙特业主公司委托书复印件（A4纸张横向表格）；
3）国际健康证（咖啡色小本）及防疫针证明（黄皮书，要求注射流脑、霍乱、登革热疫苗）原件及复印件；
4）一封致使领馆的委托书（即工作签证派遣函，要求英文版，用工作单位抬头纸打印，加盖公章）；
5）提供员工与沙特注册公司签订的劳动合同（也可提供中方劳动合同，最好附有中方公司营业执照副本的复印件）；

6）工程师、技术人员、医生职业需要职业资格证，驾驶员需要驾驶证（也可提供毕业证、学位证的原件及复印件）；

7）两张黑白照片或白底彩色小二寸照片（半年以内近照）；

8）居民身份证正反面复印件；

9）护照原件及复印件（护照有效期需半年以上且有连续的空白签证页）。

在工作签证三个月的有效期内，必须到达沙特，到达后3个月内必须前往沙特移民局办理工作居住证。

案例一：东南亚一个化工项目，有一家施工企业计划通过中介办理800名国内员工的工作签证，他们选择的中介也给出了满满的承诺，在投标的过程中提供了信息，一起帮助制定了工作签证办理的策略。但是，在办理工作签证的过程中，中介突然告知施工企业，移民局只给他们一年110个名额，施工企业措手不及，赶紧寻找其他中介，有中介承诺可以办理，但是价格很高，施工企业不得不做出让步后同他们谈妥了100个名额，而在提交申请资料时，移民局回复中介只允许办理12个名额的申请。施工企业不得不转而从其他项目借用第三国的工人，但是这些工人的签证不是针对本项目的，因此遇到了移民局和施工部门的联合执法，不合规的人员被执法人员带走，施工企业不得不交罚金并承担相应后果。

案例二：2015年初，刘某为了承接中东S国的工程，特地找到了某建设集团负责S地区分公司的总经理张某，希望他能协助其为工人办理海外工作签证，张某欣然答应，并声称公司刚刚从某个承包商那获得了报酬丰厚的A项目。不久后，张某与刘某等70余名工人签订了劳务合同，每人收取了1万元的保证金。签证办理迅速，工人们被通知分批前往S国。在出发前，张某特别叮嘱刘某，由于给工人们办理的是商务签证，如果遇到询问，需要统一口径，称是公司派往S国进行商务走访的。刘某心中有些疑虑，担心签证问题，但张某自信满满地保证："不会有问题的，等到了那边，我会再帮你们补办工作签证。放心吧！"于是，一行人怀揣着对异国淘金的期待踏上了旅程。初到S国，张某告知刘某等人A项目尚未启动，暂时需要先在他提供的工地务工。尽管工资较低、环境艰苦，刘某还是尽力安抚工人，告诉他们等A项目启动后就会有更高的收入。然而，到了2015年10月，当A项目正式开工时，情况却发生了意想不到的变化。原来，这个项目已经被转包给了一位姓吴的老板，由吴某负责发放工人的工资和生活费。这让刘某等人始料未及，更为糟糕的是，新老板吴某缩短了项目进度计划，时间紧、任务重，要求每天工人工作十几个小时并且提高了工作强度，致使多人病倒，但工人们不能擅自外出，也没有钱治病，只能强打精神，咬牙坚持。2015年12月底，国内新年临近，工资却一拖再拖，吴某每次都敷衍推脱。几次下来，吴某态度变得恶劣："你们又没和我签合同，要钱去找张老板！"找到张某，张某让他们再耐心等等。时间一长，工人们的商务签证到期了，张某却始终没有为他们办理合法的工作签证，直到几个工友外出时被当地警方盘问，并以非法滞留罪拘捕时，他们才意识到自己被骗了，作为包工头的刘某更是羞愧难当。2016年1月7日，忍无可忍的工人们，决定向我国驻S国大使馆求助。A项目工人的集体上访，造成了严重的外交影响，来自工人的所辖城市立刻成立工作组立案侦查，并赶赴S国处理此次事件。经查，张某每次招募涉外劳工时，均以出国打工赚钱多、办理签证快、保证提供工作等说辞，以S国分公司的名义或借用某建筑劳务公司的资质，与工人签订劳务合同，并收取每名工人人民币1万~2万元作为代办签证、购买机票及保证金的费用。张某深知申办工作签证周期长、成本高，就擅自以公司名义为工人办理商务签证，安排出国后，用"试用期""实习期"等手段来获取务工人员的廉价劳动力，等"试用期"结束，工人被借故辞退，张某便从中捞取巨额利润。在多方努力下，2016年2月20日，嫌疑人张某到案。同年3月28日，张某被市人民检察院批准逮捕。经查实，从2013年4月至2015年11月期间，张某共组织45批98人以商务签证的形式赶赴S国务工，向其中74人收取办证费、机票费、保证金等费用，合计人民币167.5万元。2016年底，经市检察院提起公诉，市法院作出一审判决，被告人张某犯组织他人偷越国（边）境罪，判处有期徒刑8年，并处罚金人民币3万元。而非法滞留S国的务工人员，因严重违反S国《劳工法》，S国政府对其中45人处以驱逐出境，并对张某所在的分公司处以罚款。

通过以上的案例说明只要施工企业合法合规办理工作签证，风险是可控的。

在投标过程中，了解项目所在国的办理流程，把办理工作签证和办理时间制定在施工进度计划里，同时在技术标书里就如何办理工作签证做出说明，向管理公司和业主展示，这样可以增加他们对施工企业的信任度，有助于成功中标。

2.2.5 当地材料价格风险

在国际工程中，建筑材料和设备的费用在工程总造价中所占比例往往超出50%，对于项目的盈亏起着决定性的作用；由于国际形势和地缘政治的变化引起石油、钢材、铝材、铜、镍、锌等原材料价格的大幅度波动，会直接影响到建筑材料和设备的价格，对施工企业构成巨大风险。

按照国际工程的执行惯例，比如在石油化工项目中，超出50%的建筑材料和设备由业主和管理公司负责采购，施工企业提供人员、施工机具和耗材，进行施工和安装。但是，为了方便施工，容易进行质量把控的材料和设备，可以由施工企业购买。在这种安排之下，施工企业往往会考虑从本国或第三国购买并进口到项目所在国。对于在项目当地买不到的材料和设备，项目所在国政府会鼓励进口并有相关的免税优惠政策，因此需要施工企业在投标的过程中了解有关政策和相关免税费用。当地购买建筑材料和设备遇到的风险和应对措施总结如下：

在投标进程中，施工企业计划在当地购买材料或设备，部分招标文件不仅明确了购买当地材料和设备的相关要求与比例，而且还提供了供货商名单。然而，倘若施工企业对当地材料和设备的价格以及供货条件缺乏了解，在投标时凭借国内价格加上系数进行主观臆断式的报价（或许是因为时间紧迫，有一定数量的施工企业如此操作），并且未能妥善地向业主所提供的供货商进行询价，待到授标后项目开始执行时，才察觉报价低于市场价了，甚至有的供货商提出必须100%付款后才发货的苛刻条件，如此一来，施工企业便极有可能面临巨大的亏损，甚至出现资金流短缺，从而导致交货延迟的情况，进而对整体的计划进度造成不利影响。

例如，某施工企业在参与A项目投标时，未充分调研当地市场，直接以国内价格估算，结果中标后发现材料成本远超预期，导致项目亏损。再比如B

企业，出于同样的原因，在与供货商的合作中处于被动，因资金不足，无法及时满足对方的付款要求，货物迟迟不能到位，最终影响了整个工程的交付时间。

施工企业应该在投标时制定出详细的采购计划，向业主推荐的供货商询价，询价单的工程量和技术要求一定要尽量准确以保证获得合理的报价，如果是向非业主推荐的供货商询价，必须在投标书里做出说明。一般的大型项目要求安装承包商在当地购买如下材料：预制桩、商品混凝土、钢结构、混凝土管、窗户、门、电器仪表散件、高密度聚乙烯管（HDPE）、聚氯乙烯管（PVC）、防火涂料、油漆、冷热保温材料、管道仪表支撑件、防爆灯具、消防器材、脚手架租赁、大型吊装设备的租赁、砂石料、水泥、油料等。施工企业拿到报价后，根据对项目所在国通货膨胀率的分析，判断出价格的走势，在对业主和管理公司的商务报价中充分考虑价格的变动因素，以免造成损失。按合同规定，这种情况下因施工企业的疏漏发生亏损，很难从业主和管理公司获得补偿。

案例：有些时候，询价时用的货币和对业主报价的货币不同，需要转化。有一家施工企业在投标东南亚某个大型项目时，采购保温材料时对供货商询价用的是美元，对业主报价应该用当地货币，然而，报价人员却忘记转化成当地货币。当时的汇率是1美元兑换3.6当地货币，中标后，在项目实施的过程中，购买保温材料的费用亏损巨大，之后请求业主和管理公司给予补偿，但因为是承包商自己的失误而造成的亏损，补偿请求被拒绝了。

综上所述，施工企业务必做好采购材料和设备的询价工作，把供货商的报价锁定好，对管理公司和业主的报价要充分考虑涨价因素，把询价的档案保存好，以便中标后项目执行团队继续用这些询价信息完成采购单的签署，避免由此带来的损失。

2.2.6 当地分包市场风险

就当地分包商而言，不同的国家存在的风险不尽相同。和国内的分包商相比，当地分包商普遍存在以下劣势，比如：技术能力差、资金周转困难、缺乏控制计划进度的能力、施工质量无法保证、工作效率低下、履约信誉不高等。但是，当地分包商也有优势。比如：人工单价和施工机具台班单价便宜、更易于把人员和施工机具动员到工地。

在投标的过程中，施工企业需要调查当地分包商的施工资质，能为本项目提供的人力资源、技术能力、财务状况、履约能力，以往项目声誉、质量体系、施工安全记录、熟知的规范标准、类似经验、合同商务执行模式的喜好（比如是清单固定单价、包干价，还是纯提供劳务服务）等；根据对分包商的调查，做出合理的分包计划和策略，只有这样，施工企业才能管控好风险。施工企业还要关注招标文件里有关允许分包的条款，制定分包计划和策略时要把管理公司及业主的要求一并考虑进去。一般性原则：对于决定项目成功的关键工作，要么自己的队伍做，要么用中国的分包商；非关键性的工作，可以考虑由当地分包商完成。

好的分包计划和策略是迈向成功最重要的一步，通过以上的调查筛选出合格的分包商，向其询价。有的业主和管理公司会在招标文件里提供合格的分包商名单，同时也鼓励施工企业推荐新的合格分包商，这种情况下，施工企业必须从他们那里询价，如果询价来自于非业主推荐的分包商，则必须在投标书里注明来源。

2.3 社会文化风险

按照"文化差异"引起"文化冲突"，再引起"文化风险"的逻辑，在投标期间，施工企业要了解项目所在国的社会文化风险，分析评估这些风险带来的影响，制定出有效管控这些风险的措施，然后把这些措施落实到行动中，编制在投标书里。

比如：施工企业可以把工人祷告和茶歇的时间量化出来，体现在投标书的整体计划里。每年斋月期间当地工人需缩短工时问题，施工企业要么在整体计划里考虑相应降效，要么引进国内队伍进行过渡，并根据不同的措施，在投标书里做出不同的计划和费用安排。对于工人和管理人员的交流问题，施工企业也可以考虑雇佣当地的工头来管理这些工人，把当地工头作为国内管理人员及技术人员和当地工人沟通的桥梁，还可以让他们把安全标语、质量文件和施工文件翻译成不同语言，所有这些措施都需要落实到投标书里。

以上的措施需要传承到项目执行团队，一旦中标，需要他们了解之前的安排，以便做好更新，更好地去实施。

2.4 自然环境引起的不可抗力风险

在投标的过程中，如果没有充分考虑减少不可抗力风险的措施并制定相应的计划和控制成本的策略，则会在项目执行过程中造成亏损和工期延误。

对于台风、地震、海啸、飓风、暴风雨、洪水、泥石流和极端天气，施工企业可以通过当地的气象部门获取历年的数据进行分析和评估，把预估的影响天数一并考虑在投标书的整体计划里，窝工的费用也需考虑在商务报价里。

对于工地沉降和进入工地的通道不畅问题，可以通过与业主及管理公司的澄清，把最终的技术方案和相关费用考虑到投标文件里。

一般情况下，上述的大部分非人类能控制的自然灾害为"不可抗力"，正如第2.1.1节中讨论的内容，FIDIC条款（a）（b）（c）（d）和（v）定义了自然灾害作为"不可抗力"的范畴。

除了FIDIC条款以外，北美业主或管理公司的合同并没有"不可抗力"的条款，但是，在有关"工作条件和风险"的条款里强调承包商已经熟悉了施工工地周边环境，无论发生什么情况，承包商应该按照合同的规定和费用完成项目，并且没有额外的补偿。比如某管理公司的条款如下："承包商宣称，已对工作文件、施工图纸以及规范进行了细致的检查，并且充分知悉与工作及其周边环境相关的所有其他条件。承包商需承担上述条件所带来的风险，并将在不考虑这些条件、工作中遇到的困难以及管理公司或业主的疏忽（倘若存在）的情形下，以规定的合同价格全面完成工作，且不会向管理公司或业主寻求进一步的帮助。管理公司或业主不对其在规范、施工图纸或其他文件中所提供的、与工地或现场的当地条件有关的信息予以担保，上述信息仅为方便承包商而提供。"

然而，有些欧洲的业主或管理公司在合同里规定了"不可抗力"的范畴，比如：地震、洪水、火灾、雷电或其他自然灾害；台风、恶劣的气候或其他非正常的气候；后来把疫情也包含在不可抗力的范畴。在发生不可抗力的事件后，规定14天内必须通知业主和管理公司，如果不可抗力事件成立，则承包商可以获得相应的工期延长，如果不可抗力事件的影响时间超出90天，则承包商可以提出合同终止的请求，业主和管理公司会在7日内作出终止合同的决定，同时确定好合同执行至此对承包商的费用补偿；对于"不可抗力"事件带来的费用影响，合同规定业主和承包商各自承担自己的费用。

综上所述，对于自然环境引发的"不可抗力"，施工企业根据该项目合同中描述的"不可抗力"的范畴和如何补偿的条款，了解项目所在地因自然环境引发的"不可抗力"事件的历史数据，对项目执行过程中"不可抗力"发生率以及工期延误造成的费用影响进行评估，并在投标书里做出考虑，同时为以后的执行团队提供依据，以便进一步制定防范策略。

2.5　本章小结

第2章主要讨论了施工企业在编制投标书的过程中需要评估项目所在地国家和项目地点的风险，以及相应的规避措施，具体总结如下：

2.1　政治风险

如果项目所在地战火纷飞、暴乱不断、政府更迭频繁，施工企业要特别小心，尽量避开在这些地区参与项目的投标。对于其他的政治风险，比如：国家经济自由度不高、法律约束力不强、清廉程度不高、外汇不能自由使用、当地建筑部门的强制要求、制裁和禁运等，如果施工企业通过评估能制定出有效的策略抵御这些风险带来的影响，把有关的策略落实到具体的行动上，还是可以通过努力把风险的影响降到可以控制的程度，继而提高中标机会。

2.2　经济风险

其一，要特别关注汇率对项目的影响，很多施工企业的亏损主要源于汇率的变化超出预期并且缺少实操的预案；其二，施工企业要了解项目所在国的税务政策，尽量在报价时不含当地税，如果不得不含税报价，请找个当地咨询公司做个尽职调查；其三，对当地材料价格和分包市场的了解不够，没有评估好通货膨胀带来的影响，报价基于国内项目的价格加系数，导致报价不准确，造成项目的亏损；其四，中国员工的工作签证问题完全超出预期，程序繁琐、时间拖得久、花费超出原来的预算，影响施工工期，无法向业主和管理公司提出索赔。

2.3 社会文化风险

施工企业要对风险带来的影响做量化处理，体现在投标文件里，比如：低效带来的风险、语言障碍带来的交流风险等。

2.4 自然环境引起的不可抗力风险

在编制投标书的过程中，施工企业要了解项目所在地常有的风险，比如：台风之类的极端天气等，同时了解招标文件里对"不可抗力"条款的解释，把自然环境风险带来的影响以及相应的方案制定出来，落实在投标书里。

以上均属于项目的外部风险，在第 1 章里做了初步讨论，以便来确定是否参与资格预审；而本章就外部风险做了进一步讨论，主要用于编制投标书。虽然前两章的讨论在题目上有部分重复，但是风险的内容有所不同。这些风险是动态的，施工企业要保存好投标时的风险评估和应对策略文件，一旦中标，将转给项目执行团队继续实施。

本书第 3 章专门讨论招标文件和合同条款方面的风险，以便在投标书里规避或减少合同条款风险带来的影响。

第3章　识别投标期间的合同条款风险

项目合同风险是指附在招标文件里的合同条款不完善，合同条款不平等，间接损害赔偿额没有限度，合同货币不稳定，保险、保函、保修期、适用法律、仲裁条款、合同变更条款、付款期、当地内容的强制性要求，特殊施工的强制性要求等方面带来的风险。施工企业在投标的过程中，要通读业主和管理公司颁发的招标文件，辨别出如下的风险，并且制定相应的措施，落实在投标书里。

3.1　合同货币和兑换率

关于合同货币和兑换率带来的风险，在第2.2.1节中讨论过，施工企业应尽量考虑使用硬通货币签署合同，本节不再赘述。

一般情况下，施工合同持续时间久，从投标到项目结束，横跨时间比较长，2～3年的项目施工周期比较普遍。施工企业首先要了解招标文件里规定使用的合同货币，在这个基础上分析和评估如下：

1）所需当地货币的预估金额，比如：支付当地员工的工资、支付当地供货商货款和当地分包商进度款、当地办公和临建的花费金额等；

2）所需美元或其他外汇硬通货币的预估金额；

3）根据招标文件对于合同货币的要求，评估未来3年合同货币和美元的兑换率走势、美元和人民币的兑换率趋势，预估不同货币间兑换可能产生的损失；

4）据此制定投标策略，如果招标文件里规定使用当地货币而非硬通货币，是否需要设一个损失红线？

5）其他策略：比如合同可以分为境内合同和境外合同，境外合同的工作范围主要是施工企业在中国境内人员和施工机具的动员费、材料的采购费等，可以把合同货币设为美元或欧元，申请进度款时直接汇到国内的账户，然后办理结汇手续；境内合同货币可以是当地货币，用于支付项目所在国的花费。当然，如果允许，通过谈判，境内合同货币如果是美元或欧元，就可以大大降低施工企业的风险，对项目利润会更有保障。

比如：有一家公司在马来西亚项目上用马来西亚货币林吉特作为报价基础并签约，2014年9月签合约时将1∶0.3045（林吉特∶美元）作为报价的基础汇率，2016年12月合同执行完毕时的汇率是1∶0.222（林吉特∶美元），这家公司收到结算的工程款后，扣除了项目所在国要花费的当地货币外，需要用马来西亚林吉特兑换成美元再汇回国内，结汇后支付国内的花费，这样因汇率变化导致少兑换很多美元，造成经济损失。

详算如下：按照2014年9月的汇率作为基础报价签署合同，2亿林吉特的合同额等同于6090万美元的合同额，到项目结束时，进度款如数收回后，在2016年12月，如果需要用1亿林吉特兑换美元汇到国内用于支付国内花费，施工企业会因为汇率的变化亏损825万美元，详见表3-1。

2014—2016年承包商采用林吉特与美元汇率兑换及亏损数据表　表3-1

2014年9月签署的合同金额（林吉特）	承包商按照2014年9月林吉特和美元的如下兑换率确认了林吉特的报价	承包商期待等同美元合同额（美元）	承包商计划2016年12月汇到国内费用（林吉特）
200,000,000	1∶0.3045	60,900,000	100,000,000
承包商需按照2016年12月林吉特和美元的如下汇率兑换成美元后汇出	2016年12月承包商实际汇到国内金额（美元）	2014年9月兑换率1∶0.3045和2016年12月兑换率1∶0.22相比，1亿林吉特兑换成美元时亏损（美元）	
1∶0.222	22,200,000	8,250,000	

综上所述，在合同报价的过程中，如果业主和管理公司坚持用当地货币作为合同货币，施工企业可以建议采用固定的兑换率，这个措施对施工企业有益，

但是业主会承担汇率的风险，业主能否同意是件困难的事情，可以采用一揽子的谈判方案，取得业主的同意。另外，还可以在报价的过程中提出加入一个保值条款，约定一个双方可以接受的汇率范围，在支付工程款时，如果超出了这个范围，就按保值条款根据汇率变化计算，进行补偿。再者，还可以和公司财务部门商讨，考虑使用一种金融衍生工具作为财务杠杆，用来降低成本；这种方式需要花费一定额度的保证金，进入市场操控大额交易，当权威机构对短期内的汇率变化不看好时，施工企业可以购买远期外汇产品，降低因预期收益和财务成本亏损给公司带来的风险。金融衍生工具不但可以规避汇率风险，还起到把风险转换成利润的作用。当汇率的走向难以预测时，选择外汇期权产品可以做到汇率走势有利时获得收益，不利时避开风险。

3.2　付款周期和现金流

施工企业需要了解招标文件中有关预付款、进度款和付款周期的规定，同时根据招标文件中的工作范围把需要资金的地方辨别出来，评估收到的进度款是否能够满足计划使用资金的需要，是否需要垫资执行工程？垫多少？需要从银行借款还是由施工企业的母公司垫资？利息是多少？可以把因垫资而支付的利息以及其他花费放到报价里面，以确保良好的资金周转，项目不会因为资金不及时到位而受到影响。

有的招标文件中规定，业主和管理公司可以支付预付款，需要施工企业提交全额的预付款银行保函或保险公司保函，一般预付款不会超出合同额的20%；有些招标文件里没有预付款的规定，施工企业要评估是否可以接受此合同条款，或者通过澄清确认有无获得预付款的可能，以便在投标文件中提出需要预付款的要求。

预付款一般在业主和管理公司收到来自承包商的正式的合格付款申请后30天内支付。有些合同预付款是作为进度款的一部分，只有等到第二笔付款申请金额超出预付款金额时，方可继续申请第二笔付款；还有的合同规定从以后的几期工程进度款内按比例扣回预付款，比如：如果按以后的10期进度款扣回，那就意味着每一期要扣预付款总金额的 10%；施工企业可以评估用哪种方式更利于项目执行，笔者认为后者有利于施工企业的资金周转。

有关进度款，有的招标文件规定每月付款一次，有的招标文件规定按照里程碑付款。如果合同是单价合同，一般是每月按实际进度计量后付款；如果合同是包干价，一般是按照里程碑付款。有时按里程碑付款并不能保证每个月有付款申请，并且完不成里程碑里规定的工作，也无法申请付款。按月进度付款或者依据里程碑付款，各有利弊，施工企业要根据自己的情况和合同条款进行评估。进度款或里程碑的付款周期一般为 45 天到 60 天不等，有个别的业主和管理公司把付款周期定为 90 天。有些业主和管理公司的合同规定在收到承包商提交的合格满意的进度款申请后，开始计算付款周期；还有的业主和管理公司是在财务收到内部批准的进度款申请后开始计算付款周期，后者会给施工企业带来资金到位不及时的问题。

关于滞留金，海外项目的招标文件一般规定从每次进度款里扣留进度款的 10% 作为滞留金，等到合同执行完毕，达到机械竣工条件，合同的竣工资料提交并被接受后，方可正式签发竣工证明，然后再来处理 10% 滞留金的事宜。有的合同规定，可以给业主和管理公司提交同额的银行保函或保险公司保函，换取 10% 的滞留金付给施工企业；有的合同规定，10% 的滞留金在保修期过后，如果没有因保修而发生额外费用需对业主进行补偿，则可以释放给施工企业。保修期一般从签发竣工验收证明开始 24 个月，或者以业主开始占用完成的工程 18 个月后，以先到为准。遇到返修的工程，则返修工程的保修期相应往后延期。很多施工企业设定的利润也不过 10% 左右，如果不能通过提交保函的方式把 10% 的滞留金提前收账，那就要考虑 10% 的滞留金在保修期过后收账会不会给公司带来风险；最理想的情况，在保修期内没有发生因施工企业原因引起质量方面的争议，保修期后施工企业可以全额申请 10% 滞留金的释放，并且国外的业主和管理公司一般会按照合同规定完成支付，不会出现赖账的现象。但是，保修期内出现返修的概率很高，会造成保修期的延期进而影响施工企业 10% 滞留金的付款日期。因此，施工企业务必有随叫随到的保修团队，积极配合业主完成返修工作，避免业主和管理公司自己找人返修，然后从滞留金里扣款。

综上所述，施工企业可以把整个合同执行期间的资金使用计划和收款计划进行比较：如果资金流显示是正值，应该被视为健康的资金周转；如果是负值，则要研究如何处理？以下是可以考虑的一些措施：

1）与业主和管理公司澄清确认能否更改支付条款，使之成为健康的资金流；
2）如果上述要求没有得到业主和管理公司的认可，或者只得到他们的部分认可，需要在此基础上更新资金流的评估，把垫资部分的成本核算出来，放到投标报价里，一般要放到间接费里，施工企业可以按比例向业主和管理公司申请付款。

本书在第 9 章里特别讨论了合同执行过程中用什么方式保证健康的资金流，但要强调，在投标过程中，一定要谈好付款条件，考虑好风险费用。

3.3 违约责任和限额

在投标的过程中，施工企业要了解违约的条款（Liability），明确是否有违约赔偿和赔偿限额。

1999 年版 FIDIC 通用条款规定，如果因施工企业违约，需要支付给业主赔偿金，"在任何情况下，此类损害赔偿费的金额不应超出合同金额的 100%"。有的合同版本在违约责任赔偿限额为 100% 合同金额的条款下，还有需要施工企业额外赔偿的例外条款，比如施工企业的分包商由于疏忽引起的财产损失等。

施工企业要特别注意有的合同条款对于违约赔偿的限额没有规定，可以视为赔偿责任无限大，包括间接费的损失。这个条款是绝对不能接受的，一旦发生违约事件，会给施工企业带来灭顶之灾。对于这种条款，要听从公司法务部的意见。一般情况下，施工企业只能答应违约赔偿金额不得超出本合同金额，且不应该有间接损失赔偿，还要注意例外条款，业主和施工企业均不负责各自对方或其免于追责的相关企业原因引起的间接损失。

还有一种是没有按计划完工的约定赔偿（Liquidation Damage，简称LD），在 FIDIC 条款里没有描述，但是在许多管理公司或业主的合同版本里都有要求。一般情况下，关键里程碑或机械竣工日期必须要保证，如果逾期没有完工，每拖延一天，施工企业就要按约定的比例赔偿业主费用，尽管业主要求赔偿不是目的，而是为了敦促施工企业按时完工，施工企业要核实，是否可以按期完工从而避免赔偿。大部分情况下，会有一个宽限期，比如逾期 7 天内，业主和管理公司不要求赔偿，到了第 8 天还没有完成，则开始计算赔偿额，每天按照合同额的 0.02% 到 0.05% 的范围内进行赔偿。有时合同里只有一个里程碑，有时会有 5 个及以上的里程碑，最终的赔偿限额不超出合同额的 10%，这是行业标准。如果施工企业发现招标文件里有超出这个标准的要求，需要进一步评估，并与业主和管理公司商讨、澄清，把可以接受的方案写入投标文件里。

3.4 技术规范

大部分海外大型项目，适用的技术标准和规范通常如下所列：

1) 美国标准：ASME 标准（美国机械工程师学会标准）、ASTM 标准（美国材料与试验协会标准）和 API 标准（美国石油学会标准）；
2) 英国标准：BS（英国标准学会标准）；
3) 业主技术规范：海外业主基于多年来对于大型项目设计、施工、运行及维护等方面的经验，总结并编制出一套完整的行业技术规范；
4) 当地的强制性技术规范。

比如，东南亚某国的大型石油化工一体化项目采用了业主的行业技术规范和美国标准（ASTM、ASME 和 API），而在中东的石化项目，采用当地业主的行业技术规范和美国标准或英国标准，比如科威特某石油公司项目、沙特阿拉伯某石油公司项目等。

尽管我国的许多大型建筑企业在《工程新闻记录》（ENR）[①] 国际承包商的

[①] ENR（Engineering News-Record），中文名称译作《工程新闻记录》，是全球工程建设领域最权威的学术杂志，隶属于美国麦格劳-希尔信息公司。

评定中排名靠前，但是和国外的同行相比，我国建筑企业对技术规范方面的风险评估和管理有待提高。

施工企业收到业主和管理公司的招标文件后，往往因为时间紧、任务重而忽视了附在招标文件里的技术规范和标准，投标期间没有通读技术规范并提出澄清，想当然地认为施工时可以参照自己熟知的技术规范进行施工。然而，一旦中标，在项目实施过程中，当业主和管理公司根据合同中的技术规范和标准来监督施工企业的施工方法和工程质量时，往往无法满足技术规范的要求，施工企业不得不和业主及管理公司不断争议和讨论，既耽误工程进度，又失去业主的信任，得不偿失，造成各项损失。

综上所述，施工企业需要组织各专业人员参与投标，通读招标文件里的技术规范和标准，明确有无强制性要求，澄清了解技术规范不清楚的地方，并在技术标和商务标中全部体现出来。

3.5 进度计划

在招标文件中，业主和管理公司会告知施工企业本工程的开工和完工日期、关键线路图（Critical Path）的完工日期，要求施工企业在其投标书中回应这些日期，并做出更为详细的计划和相应的人力资源需求曲线。施工企业既要满足招标文件里开工日期、完工日期和关键线路节点的工期要求，也要科学地分析招标文件里要求的工期是否合理，辨别风险后，依据对工作范围的理解来调配资源、调整施工方案、优化进度计划，把握好安全、质量、进度、成本的平衡点，制定可行的计划。

在评估是否可以按业主和管理公司的进度要求完工方面，施工企业需要充分考虑下面的风险因素：

1）当地资源条件

充分认识当地的资源条件，比如：能否雇佣到工人、能否采购到材料、能否租赁到施工机具等。

2）工作签证

如果安排国内的施工队伍去海外施工，或者计划用第三国的工人，需要预估办理工作签证和人员动员时间。

3）当地天气条件

了解当地常年的气候历史纪录。比如：暴雨、台风、飓风、沙尘暴、高温等，分析总结出规律，对项目执行期间的气候条件做出预判，并充分考虑到计划中。

4）水文地质条件

一般情况下，在招标文件里会提供现场的水文地质条件，施工企业一定要仔细阅读，确认是否需要在施工期间采取特别的措施，比如降水，把这些措施考虑到计划里。

5）施工水平

如果计划使用当地的分包商，需要了解他们的技术水平和施工效率，把这些因素考虑在计划里。

6）甲供材料[①]和施工图纸

在招标文件里找一下是否有甲供材料到货信息，并据此制定进度计划；如果信息不全，要做一些假设并考虑到进度计划里。施工图纸的发放时间直接影响施工工序和阶段性完工，要分析这方面的影响，考虑到整体进度中。

7）技术规范和设计标准

仔细阅读招标文件里的技术规范和设计标准，把要求的施工方案和措施考虑在进度计划中。国内的规范和图纸有别于海外的要求，不同的技术规范和设计标准，就有不同的施工方案和措施，这些因素会影响进度计划的执行。

8）施工工序

施工工序有无特别的要求，比如有没有优先施工区域、有没有因为界面管理而带来的滞后施工安排。有的项目为了大件运输，不得不把一

---

① 甲供材料：由业主和管理公司负责采购的材料和设备，送达工地后，由相关施工企业领取后负责安装。

段管廊的安装滞后，要求施工企业在另外的地方对这段管廊进行模块预拼装，等大件运输完成后再安装这段管廊等。

9）施工安全措施

了解项目的安全管理要求，可以对比国内项目的安全管理要求找出差距，以便考虑到整体计划里。正如在本书1.8节里所介绍的，国内的安全要求也很高，甚至有的地方还高于海外的安全要求，不同之处在于对安全要求的执行力，海外项目的执行是完全不打折扣的，需要施工企业有这样的认知。

鉴于对以上因素的分析，比较理想的结论是业主和管理公司对进度的要求比较合理，施工企业可以在此基础上进行施工方案和进度计划的优化。但是，如果施工企业认为，以上的风险因素严重影响到项目的有效执行，很难达到业主和管理公司要求的完工日期，就需要和业主及管理公司去澄清，并在投标书中提交合理的计划。

3.6 当地市场资源差异

按照合同条款规定，任何分包单价或者采购单价在合同执行过程中需保持不变，施工企业遇到最多的风险来自于当地市场资源的价格差异而引起的亏损；这种风险大部分源于施工企业使用国内某一类似项目的价格加上国外工程的系数作为报价的基础，当有了亏损后，业主和管理公司不会给予补偿。

正如在第2.2.5小节和第2.2.6小节中讨论过的，施工企业在投标的过程中，需要对项目所在国的劳工技能水平、专业分包商的技术能力、施工设备的租赁状况、当地供货等情况了解清楚，制定出合理的采购和分包计划，对于计划使用当地分包商或者供货商的合同包，需要和他们询价以便获得准确的报价。在充分考虑各地域存在不同的市场保护、特殊要求和潜在通货膨胀的基础上，做出合理的评估和对外报价，切勿犯经验主义的错误。

3.7 保函和保险条款

招标文件里规定了以下的保函，用于不同的目的，但是无论如何，都是保护业主和管理公司利益的：

1) 投标保函：保函额度和格式由业主和管理公司确认，保函额度一般会为10万美元到50万美元不等，确保投标商中标后不反悔，否则没收保函。但并不是每个业主或管理公司都有这样的要求，施工企业要知晓这种要求，积极应对即可。

2) 预付款保函：只要施工企业按合同规定申请预付款，就必须提供全额的预付款保函，以确保预付款的支付。等预付款还完后，业主和管理公司会依据合同规定把保函原件退还给施工企业。

3) 履约保函：确保施工企业在合同的执行过程中能够全部履行合同的责任，有的保函金额是合同额的10%，有的是合同额的100%，都应该被视为行业的通用做法。如果此履约保函同时充当质保保函，则保函有效期需要到维修期结束为止；如果不充当这个作用，则保函有效期到机械竣工为止。但是实际操作起来，还需要考虑多出3个月，以便合同工期有延误时不至于再次延长保函的有效期。

4) 质保保函：保额一般是合同额的10%，即滞留金的额度，如果合同规定施工企业可以用质保保函换回10%的滞留金，则可以提供全额的保函，期限和保修期一致即可。

以上所述保函有以下特点，需要施工企业了解：

1) 招标文件里会附上业主和管理公司的保函格式，要求施工企业提交"无条件、不可撤销、见索即付"的保函。

2) 规定了负责出具保函的财务机构的资格，比如穆迪评定的3A或以上的机构。这些财务机构包括银行、担保机构和保险公司，只要达到3A的标准即可。近几年，有些施工企业尝试过用保险公司出具保函，所需费用比银行出具的要便宜。

3) 规定了没收履约保函的条件，比如FIDIC条款里：承包商未按规定延长履约保函的有效期；承包商未在规定的 24 天内把业主要求的违约赔偿金付给业主；承包商未在收到业主整改通知后 48 天内纠正违约行为等。有的管理公司和业主的合同版本里没有这些条件，只是合同的格式版本规定了"无条件、不可撤销、见索即付"，且没有谈判的余地。

4）在报价格式里，业主和管理公司允许施工企业把办理保函的费用报到间接费里，在保函被业主和管理公司接受后，办理保函的费用可以付给承包商。

在投标的过程中，施工企业要特别关注履约保函的风险，比如保函的金额不应超出合同额、最好是合同额的 10%；对于保函有关"无条件、不可撤销、见索即付"的规定，应该没有谈判的空间，施工企业要有防止保函被没收的方案。如果合同执行过程中有严重违约而又没按业主和管理公司的要求整改，会有被没收履约保函的风险，一旦发生这种情况，施工企业在财务机构的信誉等级会被调低，将来做项目时会花更多的精力和成本开具新保函。

如果将履约保函（假如是合同额的 10%）和上述提到的工期延误违约赔偿（不超过合同额的 10%）以及滞留金（合同额的 10%）合并在一起综合分析，在合同的执行过程中，业主和管理公司实际上对施工企业大约有占合同额 30% 的影响力，这就意味着施工企业和业主、管理公司必须绑定在一起完成工作，才可以释放这些风险。

上述保函格式和保函额度的要求在行业内实属正常，是约束施工企业合同履约并按时完工不可缺少的条件，施工企业应该确保成功履约，不要在这些方面出现问题。不过，对于合同规定履约保函额度为合同额 100% 的条款，施工企业还是要和业主、管理公司进行澄清和沟通，达成合同额的 10%，以便降低风险。

下面我们讨论一下保险条款，一般招标文件里有如下规定：

1）工程一切险（Contractor's All Risk，简称 CAR）：在施工过程中，永久和临时工程被破坏而造成的损失和伤害，该保险由业主购买，施工企业中标后会得到业主颁发的理赔程序。

2）工人补偿险或是雇主责任险：工人补偿险要求施工企业根据项目所在国

的法律给员工购买职业疾病和工伤死亡的保险；雇主责任险涵盖了施工企业现场工作人员意外伤害和死亡，保险金额有时会按照项目所在国家有关劳动法的规定执行，有时会在招标文件里提出保险额，比如：每发生一次事故的保险赔偿额应不低于200万美元等。

3）第三者责任险：是指施工企业在现场施工的过程中，伤害到第三方（包括业主和管理公司）人员或财产而进行的赔偿。在招标文件里会规定出保险赔偿限额和总额度，比如：每发生一次事故的保险赔偿额不低于500万美元，年累计额度不低于1000万美元等，要求第三者责任险的被保人写上业主和管理公司的名字。

4）污染责任保险：如果施工企业的工作范围涉及需要处置有害废物或有害材料，需要购买此保险。保险赔偿限额在招标文件里有规定，比如：每次事故的赔偿限额不低于500万美元，年累计限额不低于500万美元等，保险有效期应该到施工企业机械竣工后的三年。

5）机动车辆责任险：在海外项目指的是商业保险，要求施工企业对在现场使用的车辆（包括自己拥有的和租赁的）投保，确保机动车伤害到第三方时赔偿给受害者，比如：事故的责任限额不低于100万美元，年累计不低于100万美元等。

6）放弃代位求偿权：招标文件要求保险单里必须有"放弃代位求偿权"的条款。代位求偿权通常是指，当被保险人因第三方的过错遭受损失并从保险人处获得赔偿后，保险人有权在赔偿金额范围内代位行使被保险人对第三方请求赔偿的权利。招标文件要求保险单包含"放弃代位求偿权"的条款，其目的在于为业主和管理公司（包括各自的关联方、董事与员工）提供特定的责任豁免。即使施工企业在执行本合同过程中对业主或管理公司（及其关联方、董事与员工）造成了身体伤害、财产损害或引发了其他索赔，保险公司也不能代替业主或管理公司向施工企业进行追偿。

施工企业需要了解招标文件里提供保险的要求，主要看这些保险和限额是否可以接受，如果有问题，则要向业主和管理公司澄清。一般要求施工企业从项目所在国的保险公司购买这些保险，还规定了这些保险公司的评级要求，比如 A-。建议施工企业提前和保险公司沟通，把招标文件里有关保险额度的要求提交给保险公司，包括把业主和管理公司作为被保人和放弃代位求偿权的要求，请保险公司提供购买保险的费用；大部分合同规定，施工企业可以把保险费列入投标文件的间接费中，上述保险购买并被接受后，业主和管理公司会把保险费付给施工企业。

3.8 本章小结

本章主要讨论了施工企业在投标阶段遇到的有关招标文件和合同条款方面的风险，现总结如下：

合同货币和汇率：这是施工企业遇到的最大风险之一，如果处理不好，会带来巨大的损失。最好用硬通货币（比如美元、欧元、英镑）作为合同货币，如果不得不用当地币签署合同，一定要谈一个兑换美元的固定汇率，按此得到补偿，止损到一定的程度。同时通过金融衍生工具购买远期外汇汇率，做到汇率变得不利时也能按较为有利的汇率结汇。

付款周期和现金流：这个风险是可控的风险，可以算出资金流是否满足项目要求，如果需要从银行或母公司贷款保证良好的资金周转，可以把发生的利息和相关费用计算出来，作为不可预见费，放进商务报价中。当然，由于是竞标，施工企业还要充分考虑价格的合理性和竞争性。

违约责任和限额：这个风险特别需要关注，目的是一旦违约，必须有个限额，不应该和间接损失挂钩，否则责任无限大。一般的限额底线不应超出合同额的 100%。

技术规范：实际上这个风险在投标期间容易被忽视，往往在执行项目的过程中才表现出来，会给施工企业带来工期和成本的影响。需要施工企业有专业人员参与投标，阅读技术规范里有关施工的要求，编制在技术标书里。国外项目的合同条款比较严谨，施工企业很难通过合同变更得到因对技术规范的理解不同而带来的补偿。

进度计划：评估业主和管理公司给出的开工日期、完工日期和关键线路节点完工日期的合理性，如果施工企业在投标过程中没有就此提出建议，就意味着必须按照合同工期完工，必须避免在工期重要节点上发生逾期违约赔偿。

市场资源差异：只有了解项目所在国的工人技术水平、分包商能力和施工设备租赁等情况，才能辨别出潜在的风险，评估出风险带来的影响，制定合理的计划和相应的方案，包含在技术标书里。比如：当地合格焊工的能力和数量、当地分包商可以胜任的工作、当地可以租赁到的施工设备和机具等，做到既要控制好成本，又不影响项目的执行。

保函和保险：保函和保险是很好的风险管理工具，海外项目的业主和管理公司对此有严格的要求，施工企业没有太多谈判的空间，并且购买保险和办理保函的费用也是可以含在投标文件的间接费里。施工企业一定要通过办理保函和保险管控好风险，不要因为自己的疏忽而造成不必要的损失。

我们已经讨论了投标期间项目的外部风险和合同条款风险，下一章我们将讨论业主和管理公司给施工企业带来的风险，以便在投标期间做出相应的预案。

第 4 章　投标期间识别业主和管理公司风险

业主和管理公司的风险是指业主和管理公司项目人员的国际项目管理知识、经验和他们的管理水平给施工企业的项目执行带来的风险。比如：业主和管理公司对合同变更的处理方式是否具有前瞻性？业主和管理公司的责任划分是否明确？业主和管理公司的管理风格如何？他们对问题的决策效率是否高效？

我们将详细讨论这些风险，制定出应对策略，有些策略要留给将来的项目管理团队去更新和执行，有些策略则会落实在投标书里。

4.1　合同变更条款风险

首先，要关注招标文件里对合同变更程序的描述。合同变更不予承认或不予支持的条款，是否是业主和管理公司不理解小的工作范围的变更聚集在一起会对项目的进度和成本产生巨大影响，更为严重的是，这种变更会阻扰项目的正常运行、影响人员和资源的调配。比如：有的合同规定小于 5000 美元的合同变更，需要施工企业自己消化，不予补偿；有的业主和管理公司要等到项目结束时再一并处理合同变更，而不是在施工过程中及时处理等。

其次，合同包干价的风险最大。一般来说，业主和管理公司会提供施工图纸和报价格式，由施工企业按图纸计算工程量，提交报价。施工企业要对自己计算的工程量的准确度负责，一旦中标，业主和管理公司对于施工企业自己疏忽算错的部分不予补偿，合理的变更依据仅限于额外的工作范围。比如：因技术、质量、施工工序、设备材料供货范围的额外要求致使工程量的增加引起的变更。

最后，单价清单合同的风险对于施工企业是最小的。一般情况下，详细设计没有完成，施工图纸还没有颁发，但是项目的进度计划压力很大，需要提前完成招标投标的工作，把施工单位确定下来，做到一有施工图纸就可以施工。在这种情况下，业主和管理公司会提供带有预估工程量的工程量清单（Bill of Quantity，简称BOQ）和相关的计量书（Method of Measurement），要求施工企业填写单价，形成暂估的合同额；一旦中标，在项目实施的过程中，会按照施工图纸和计量书的规定计算工程量，按月核实工地现场的实际进度，用来支付进度款，如果发现工程量清单里有漏项或有的预估工程量不足，也会通过谈判和合同变更的方式补充进工程量清单，以便不影响已完成工程量的付款。

在上述包干价和单价合同的整体报价格式中，都含有间接管理费的报价，一般也是包干价使用，包括动员撤员费、建设临时设施的费用、文明施工和安全管理费、管理人员费用、营地租赁费、运营营地和临时设施的费用、特殊施工管理费、大型吊装设备租赁费、保费和开具保函手续费等，并且规定间接费一般不予调整，除非合同另外规定。比如：有的合同规定，直接费的变更达到原合同额的25%以上，方可讨论调整间接费。

综上所述，施工企业要了解有关合同变更的条款，在投标书里就不合适的条款提出例外，通过谈判达到自己的期望。对于包干价的合同，防止工程量计算错误和单价遗漏；对于单价合同，要确保提交合理、有竞争力的单价。

4.2 设备和材料采购风险

海外大型项目施工合同里规定，大部分设备和材料由业主和管理公司提供，施工企业从管理公司的仓库领料后，自行组织施工机具、人员和耗材完成设备和材料的安装及保护，直至交付给业主。

在投标的过程中，施工企业需要了解如下内容，才能把风险控制到最低：

1) 材料责任矩阵表规定了业主、管理公司、施工企业在设备和材料采购及安装过程中各自应担负的责任，由谁负责如下的工作：供货商名单、工程量清单、设备参数表、技术规范，编制招标书、发标书、标前澄清、接收投标书、技术和商务评标、谈判、授标、签署采购合同、货物催交、质量控制、物流运输、仓库保管、现场安装等。施工企业需要考虑仓库和工地之间的运输费用，或者有些材料可能会有二次运输费用（比如：管道预制），还要考虑领取设备后直到安装完毕交付业主之前的保护费用（比如给甲供设备冲氮气等）。

举例1：各种管道的供货由管理公司负责供货商名单、工程量清单、设备参数表、技术规范、编制招标书、发标和评标、代业主签署采购合同、催交、质量控制、运输到现场和仓库保管，施工企业从现场仓库领料后进行预制和安装。

举例2：保温材料由施工企业负责工程量清单、编制招标文件、发标和评标、签署采购合同、催交、质量控制、运输、现场保存和安装，业主负责提供保温材料的供货商名单、材料参数和技术规范，施工企业从业主批准的供货商处采购。

2）对于施工企业负责采购的材料（乙供材料）[①]，要配备专人负责，需要制定初步采购计划并含在技术标书里。比如：采购包的数量和工作范围、每个采购包从编制标书到签署合同的具体计划、预估到货时间等。

3）对于施工企业负责采购的设备和材料，编制初步采购计划只是第一步，还要关注招标文件里有关供货商的使用规定。一般情况下，在招标文件里会附上业主和管理公司批准的"供货商名单"，如果施工企业发现该名单有偏差，或者想推荐自己熟悉的合格供货商，此时是最佳机遇期，可以在投标文件里提出偏差和新供货商名单；如果施工企业此时没有推荐新的供货商名单，就意味着施工企业同意业主和管理公司提供的名单；中标后，施工企业在合同执行过程中再想推荐新名单，业主和管理公司的批准时间会很长或者被拒绝。

4）对于施工企业负责采购的设备和材料，可以用以往类似项目的价格作为

---

① 乙供材料：由施工承包商负责购买的材料和设备，货物送达工地后自己负责保管并安装完毕。

对外报价的基础；也可以向供货商询价，一定要把技术规范和技术参数提供给供货商，最好咨询三家或以上供货商，以便得到准确的报价。要关注招标书里的报价格式或工程量清单，其中有一列会标出主材由谁采购，如果由施工企业采购，施工企业需要报出主材费用。建议施工企业的报价团队要仔细检查材料责任矩阵表里的描述是否和报价格式或工程量清单里列出的责任一致，如果不一致，要和业主及管理公司进行必要的澄清，以免出现混淆，将来造成不必要的争议。

5）对于施工企业负责采购的设备和材料，要评估施工企业的现金流能否支持材料采购的计划，如果施工企业对供货商的影响力大、是长期的合作伙伴、议价能力强、在支付条款上惠利于施工企业，那么施工企业的现金流就会好一些。一般情况下，根据施工合同规定，材料只有被安装在永久工程上后，施工企业才可以申请付款，加上付款周期一般都会在45天以上，施工企业收到进度款时至少与材料采购的时间有几个月的差距。这个问题往往是施工企业容易忽视的地方，当垫不起资金时才发现此问题，但为时已晚，采购就会因此受到影响，进度计划受阻，当然，最终责任方必然还是在施工企业一方。有关投标期间现金流的风险，之前在第3.2节里讨论过，所以，在做收款和现金流分析时，要把这个问题一并考虑进去。寄希望中标后请业主及管理公司高抬贵手先行支付材料费的想法是不可行的，结果适得其反，一般管理公司会坚持安装完材料或设备后才可以申请材料或设备的货款。

6）对于施工企业采购的设备和材料，还要注意业主的其他要求。比如：沙特某业主要求，如采购单超出1万美元，发标书之前，需要业主批准供货商名单，要求尽量用当地的供货商，采购的货物要符合阿拉伯标准组织（SASO）的规定，使用业主通用的指导给采购的设备做标记和标签等。如果有这个要求，施工企业要弄清楚业主的批复时间，如果合同里没有规定，应该在投标书里给出需要业主批准的时间，比如在初步的采购计划里考虑5个工作日。

7）对于业主和管理公司采购的设备和材料，施工企业要知道货物大约送抵现场的时间，以便编制出合理的施工计划。很多情况下，业主和管理公司在施工合同招标时可能没有到货的预估信息，对于施工企业来说，这既是风险也是机遇。施工企业可以根据招标文件里的关键线路节点，先把合理的计划排出来，对于主要设备和材料的到货期，也可以在计划里提出需要的时间，放到技术标里，并以此准备商务报价。

8）对于业主和管理公司供货的设备和材料，可能会发生两种情况：① 发货延迟；② 施工过程中发现缺货。业主和管理公司着急，会做合同变更，请施工企业代为采购，但是由于数量少、时间紧，施工企业往往从供货商那里得到很高的报价，而业主和管理公司在审核报价的过程中不认可这种紧急采购而带来的高报价，结果双方闹得很不愉快。施工企业要注意这个风险。实际上，转给施工企业采购是为了最大化地支持项目的进度要求，对施工企业的计划安排有利，施工企业应该支持这种做法。对于可能产生的不愉快，可通过含有下面内容的合同条款来消除，即：对于通过合同变更转到施工企业采购的材料，应采用成本＋（Cost Plus）的方式处理，也就是供货商的报价（保持透明，可以和业主一起与供货商谈价）加上施工企业已经在合同里谈好的采购管理费（以采购额的百分之 x 作为管理费）为最终报价，这样有助于快速解决项目应急采购事宜，从而产生双赢的结果。如果招标文件和合同条款里没有这方面的描述，建议施工企业在投标书里提出"成本＋"的方式和管理费比例，通过谈判达成一致。

综上所述，施工企业在投标的过程中，要有专人负责这项工作的研读和澄清，在投标书里做出相应的措施和方案，施工企业在这方面做得越细致就越能很好地防止风险带来的影响。特别提示：由施工企业负责采购的材料或设备，一定要得到询价和比价后，方可用在施工合同的投标报价里；如果有额外的供货商名单，也要提出来放到投标书里；一定要关注招标文件里有关材料设备当地化的内容，积极响应。

4.3 业主公司的管理风格

通过研读招标文件，施工企业可以了解到业主的管理风格，在投标书中响应他们的要求，以便提高自己的中标率，施工企业可以关注如下风险：

1) 辨别业主对质量、安全、健康和环保（QHSE）方面的要求是否优于质量、进度和成本。不同的业主对于QHSE的要求不同，国外业主往往特别强调项目执行中QHSE的要求，而国内的施工企业对QHSE的要求在理解上会有偏差，投标文件的准备上会出现不足。只有了解了业主的风格，读懂了标书的要求，才可以有针对性地准备有关QHSE方面的投标文件。同时请投标团队仔细了解招标文件里的要求，在管理公司和业主组织述标时必须有针对性，从而赢得他们的认可，提高中标的成功率。

2) 辨别业主管理供货商和分包商的要求，即有无本地化的要求。有的业主会提供自己认可的供货商和分包商名单，要求施工企业从中挑选，还有的业主会规定必须使用一定比例的当地供货商和分包商。

   举例：沙特的某业主要求供货商和分包商必须从他们提供的名单库里挑选，否则不予批准；采用IKTVA（In-Kingdom Total Value Add）政策[1]，要求项目分包、设备和材料供货商、现场服务等需要有沙特本地成分，一般在业主的招标文件中有强制性比例要求。如果施工企业在项目履约过程中，IKTVA比例达不到合同要求，可能会面临被业主列入黑名单的风险，继而失去后续项目的投标资格。

3) 对于EPC的合同，有的业主不得不提前签约长周期的设备采购合同，会要求EPC承包商接管过来，全权继续负责执行完这个订单，其中在质量控制、技术资料提交、按时供货方面EPC承包商将会遇到挑战，并且一旦交货期延误，也是EPC承包商的责任；这种风险一般情况下

---

[1] IKTVA是沙特阿美推出的王国内整体价值提升计划，其核心是"沙特制造"，是沙特阿美为配合沙特"2020年国家转型计划"和"2030愿景"的配套措施，是阿美推动该国能源发展的战略之一。

施工合同的承包商不会遇到，但是也要对此有所了解，以免遇到不必要的麻烦。

4）有的业主特别关注关键人员的能力和经验，特别是项目管理、设计、安全、质量、施工、项目控制、采购和合同管理等方面的主要人员，这些人需要有直接为此业主工作过的成功经验，或者具备类似海外项目的经验，并且要进行面试，一旦通过，是不允许随便更换的。如果在业主不知晓的情况下更换了，会引起业主动用合同罚款的有关条款进行处罚，这种处罚在有些合同里规定了具体的罚款额度。

5）业主的组织架构风险：一般情况下，业主的组织架构比较轻盈，配备的人员不多，一个专业一个人，甚至没有人，主要是靠管理公司的人员去管理项目，业主的人员和管理公司的人员沟通比较多，主要关注项目策略的发展和执行，遇到问题时确保快速解决。如果业主的组织架构偏重，人员配备按部门设立，每个部门还要有专职人员，这种情况下，可能业主的人员就会参与到项目的管理细节中，对于问题的解决会出现两个极端：一是可以促成快速解决；二是决策过程会延长。施工企业在投标的过程中就会感知到业主人员配置的轻重情况以及决策的速度。

对于上述业主的管理风格和风险，施工企业在投标书里务必响应，对于强制性的要求，施工企业不可忽视，要有书面的行动计划；如果需要，投标书里要列出业主批准承包商文件的期限。一旦中标，这些策略和计划要传承给将来的项目执行团队去进一步落实，确保不犯致命性错误，给企业带来不可预估的风险。

4.4 管理公司的管理风格

对于海外项目，管理公司一般代表业主管理施工承包商，涵盖安全、质量、进度和成本，绝大部分的管理公司为欧美日韩的承包商，我们一起看一下目前在国际上比较活跃的大型工程公司：

美国福陆（Fluor）：美国福陆公司是一家在美国纽约证券交易所上市的公司，是一家声名显赫的百年老字号，业务涉及能源化工、基础设施和电力、冶金和采矿、生命科学和高端制造、政府项目、新能源等。福陆公司提供咨询、工程设计、采购、施工管理（EPCm）和项目管理的服务（PMC），有世界领先的专家来执行工程设计、工艺技术、供应链、项目管理和施工管理，是全球建筑行业的领头羊。在2023年6月福布斯杂志公布的全球500强企业中排第303名，在近年来的《工程新闻纪录》（ENR）杂志工程咨询设计企业评选中，始终居于全球"150个顶级设计公司"及"400个顶级承包商"中的前三名之列。福陆公司有40000多名员工，在60个国家和地区同时执行项目。福陆公司自1978年在中国开展业务以来，已经成功完成众多大型项目的项目管理工作。比如：厦门某胶卷项目、南京某石化一体化项目等，是少有靠自己的能力而不是通过收购设计院的方式获得化工、石化、医药行业甲级设计资质和石油化工工程总承包一级资质的外资管理公司，是中国境内最大的外资工程管理公司之一。

澳大利亚沃利集团（Worley）：澳大利亚沃利集团是国际知名的跨国国际工程承包商。20世纪70年代，在澳大利亚作为一家小型工程咨询公司开启了他们的征程，为日后成为全球工程解决方案的领导者奠定了基础；到了80年代，专注于拓展国内和全球业务，在西北大陆架天然气项目中发挥了关键作用，这标志着他们进入了世界能源市场；90年代，他们扩大了全球业务，收购了加拿大和美国的公司，并在全球工程和咨询服务行业中确立了关键参与者的地位；在21世纪的第一个十年，加强了对可持续发展的承诺，在非洲、中东和加拿大进行了扩张，并于2002年在澳大利亚证券交易所成功上市，第二个十年，通过进行关键的收购，包括收购雅各布斯能源、化学品和资源公司，使他们的能力呈现多样化，并致力于能源转型和可持续发展。涉及的业务有低碳能源、传统能源、化工和燃料、为新能源提供方案等，可以从事咨询、设计、供应链管理、施工和预制管理以及工厂运营维护的服务，有49196员工在全球执行项目。沃利中国作为集团在中国境内执行项目的独资子公司，目前已成为中国境内最大的国际工程设计、咨询、采购、施工管理服务提供商之一，在5个城市有办公室，有1300员工，具有化工、石化、医疗行业（化工工程、石油及化工产品储运）专业甲级设计资质。

美国柏克德（Bechtel）：美国柏克德工程公司创建于1898年，总部设在美国加利福尼亚州旧金山市，是一家全球领先的美国工程建设及项目管理（EPC）公司，分布在全球46个国家的40000多名柏克德员工已完成在140多个国家和地区的22000多个工程项目。其中包括著名的胡佛大坝、英吉利海峡隧道、香港国际机场、旧金山湾区轨道交通系统、科威特油田重建、沙特朱拜勒（Jubail）工业城，连续多年在美国《工程新闻记录》的国际知名工程承包商及国际工程设计咨询商评选中名列前茅。柏克德工程公司是私人公司，可以从事工程设计、采购、建造、施工管理和项目管理服务，涉及的业务有轨道交通系统、航空和港口、火电和核电厂、炼油厂和石油化工厂、采矿和冶金、国防和航天设备、环境保护和有害废料处理工程、电信网络、管道和石油及气体开发等。柏克德工程公司在中国做过很多大型项目，比如天津某美国公司的传呼机项目、湄洲湾的电厂和惠州的某南海石化项目。2010年后，伯克德逐步撤出了中国市场。

德希尼布能源（Technip Energies）和德希尼布富美实公司（Technip FMC）：德希尼布富美实公司是一家服务于能源行业的项目全周期服务商，于2017年由法国德希尼布公司及美国富美实科技公司两家公司合并而成，目前总部位于英国伦敦。这家公司的业务主要包括水下工程、海洋及陆地工程、地面工程，海上平台、石油炼化工厂、液化天然气等设施的建设。德希尼布富美实公司在海洋工程领域的实力尤其出众，2021年1月7日，德希尼布在其网站上宣布将其拆分成两家独立的上市公司，即德希尼布富美实公司和德希尼布能源。原计划在2019年8月实施拆分，并于2020年第二季度完成拆分，因为新冠肺炎疫情而被延后，直到2021年第一季度，分拆工作完成。分拆后，德希尼布能源有15000名员工，致力于能源转型，将继续稳固其在液化天然气、氢气和乙烯领域的领导地位，提供项目前端设计（FEED）和工程设计、采购、施工管理及项目管理的业务服务。2014年，德希尼布和美国福陆公司组成联合体在马来西亚一起承接了某大型石化一体化项目，承担了整个项目的项目管理（PMC）

和基础设施及公用工程（IOU）的总承包管理（EPCm）业务，于2019年圆满完成了该项目。德希尼布能源中国公司于1997年获得了当时建设部颁发的化工、石化、医药行业甲级设计资质，是首家获此资质的外资企业。

日本东洋工程株式会社（TOYO）：成立于1961年，总部设在日本，是一家在石油天然气、石油化工、精细化工、水处理、交通设施、发电、核能、医药、生物科技、环境保护等领域领先的国际工程公司，为业主提供优质的研发支持、工程设计、采购、施工管理、试运行和技术支持服务。日本东洋工程株式会社已在全球范围内的石油、天然气、化工、原子能和矿物燃料发电等方面承建了多套装置。1972年，日本东洋工程株式会社承建了北京燕山石化30万吨乙烯和5万吨丁二烯的装置工程，成为第一批进入中国市场的国际工程公司之一。2004年9月20日，东洋工程（上海）有限公司成立，是日本东洋工程株式会社投资成立的外商独资企业，拥有当时建设部颁发的工程设计及施工资质，在中国已执行了超过250个项目。2012年，日本东洋工程、韩国大林建设和美国福陆公司联合建设了南京某合资的一体化石化第二期项目。

日本日挥株式会社（JGC CORP.）：日挥株式会社是日本最著名的工程建设公司之一，成立于1928年10月25日，按照2023年3月31日的统计，全球共有7876名员工，其前身为日本石油公司。日挥公司参与的工程项目近2万个，覆盖了全球约80个国家和地区。在石油天然气领域，日挥株式会社几乎涉及从上游到下游的全产业链，为诸多大型石油公司提供过服务。这家公司在液化天然气项目工程建设方面的实力尤其突出，在全球是绝对的领先者。2018年，在澳大利亚投产的投资额高达340亿美元的伊奇瑟斯液化天然气项目就是由日挥株式会社联合美国凯洛格·布朗·路特公司（KBR）和日本千代田（Chiyoda）一起参与承包的。目前，日挥株式会社和美国福陆公司正在联合执行位于加拿大的某液化天然气项目，其工艺模块在中海油工青岛场地完成，其外围工程管廊模块在中海福陆重工有限公司（珠海）完成，整体项目计划2025年中期完工。

韩国三星工程公司（SAMSUNG）：三星工程公司是世界著名的国际工程承包商之一，隶属于韩国三星集团。三星工程的前身"韩国工程"（Korean

Engineering）成立于 1970 年，是韩国第一家工程公司，第一桶金是韩国石油授予他的蒸馏项目，发展到 1978 年，被三星集团收购，开始了其业务范围和服务地区的扩展。据其网站介绍，到 2022 年底，员工人数达到 6077 人，业务遍及 46 个国家和地区，完成了 1530 个项目，业务范围为石油天然气的开发、炼油、石油化工、电子食品、环保、生物制药、新能源等，可以为这些业务领域提供可行性研究报告（Feasibility = FEL1）、技术选型（Pre-Feed = FEL2）、工程初步设计（FEED = FEL3）、项目融资、工程详细设计、采购、施工、试车和厂房等 EPC 总承包服务。

韩国大林建设株式会社（DAELIM ENGINEERING & CONSTRUCTION）：大林建设成立于 1939 年，是韩国第一家建筑施工企业，也是后来成立的大林集团的母公司，目前大林集团主要由大林建设株式会社、大林石化株式会社等 12 家下属公司组成。大林建设自 1966 年在越南执行第一个海外项目以来，截至 2022 年底，已经在 40 多个国家和地区成功执行了项目。大林建设的业务涉及城市建设的开发、商务楼宇和公寓、基础设施建设、炼油、天然气处理、石油化工、能源发电、公用工程设施、环保等 EPC 工程总承包业务。2006 年 4 月，大林建设、美国福陆公司和中国台湾中鼎工程公司联合建设了上海化工园区的某石化项目，取得了圆满成功；2012 年大林建设、美国福陆公司和日本东洋工程联合建设了南京某合资公司的石化一体化第二期项目；2014 年 7 月，大林建设完成了重庆某外国业主的 MDI 项目。

韩国现代工程建设公司（HYUNDAI ENGINEERING & CONSTRUCTION COMPANY LIMITED）：现代集团是韩国的大型财团之一，2001 年其创始人郑周永去世后，现代集团一分为三，即：以汽车制造业为主的现代汽车集团、以航运业务为主的现代集团和以建筑为主的现代建设集团。2011 年 4 月，现代汽车集团出资竞购了现代建设集团，并改名为韩国现代工程建设公司。现代工程建设公司的主营业务划分为工业工程、电站和能源工程、基础设施和环境保护工程、建筑工程 4 个业务板块。工业工程业务板块能够提供咨询、设计、采购、建设、特许经营、运营维护等多种服务，所涉及的行业包括炼油、石油化工、液化天然气、钢铁冶炼；在基础设施和环境保护业务板块，涉及的业务类型最多，包括土地开发、海洋和疏浚工程、高速公路工程、桥梁工程、铁路工程、水利工程、污水处理、垃圾处理、土地修复等各项业务；在建筑工程板块，涉及商业办公楼、民用住宅、医院、酒店、体育场馆、机场、休闲度假中心等各类项目。现有员工 7200 人，在全球完成装置项目超过 450 个，其中大部分和石油天然气有关，覆盖了油气田、石油化工厂、LNG 及海上平台设施。在《工程新闻纪录》2023 年度全球最大 250 家国际承包商榜单中排名第 11 位，是韩国 12 家承包商中排名第一的工程建设公司。韩国现代工程建设公司正在执行沙特阿美 Amiral 石化设施第一、第四建设项目，合同规模达 50 亿美元，为韩企在沙特所承揽项目之最。

英国伍德工程（WOOD）：伍德公司是一家英国工程公司，2017 年 3 月由全球著名石油服务公司英国伍德集团收购了同样是油田服务公司的阿美科福斯特惠勒公司（Amec Foster Wheeler）演变而成。伍德公司历史悠久，根据 2022 年的年报，全球有大约 35000 名员工，在 60 多个国家和地区开展业务，年营业额为 54.42 亿美元，由三个业务板块组成，即：咨询、项目和运营。其中项目板块有 13918 名员工，年营业额为 22.11 亿美元，主要业务涉及石油天然气上中下游、氢能、电力、核能、石化和炼油、可再生能源、碳捕捉和封存、矿业、化工制品和为生命科学领域提供科研报告、技术选型、初步设计、长周期设备采购、项目管理（PMC）、工程总承包（EPC）和工程总承包的管理服务（EPCm）。伍德在中国的业务始于 2004 年，目前的名字叫众一伍德工程有限公司，具有上海市住房和城乡建设委员会颁发的工程设计资质证书：化工石化医药行业甲级和建筑行业乙级，已经成功交付了 300 多个项目，为炼油、石化、化工、煤化工、医药等领域的工程咨询、工程设计、项目管理（PMC）、工程总承包（EPC 或 EPCm）、技改等项目提供全生命周期一站式、国际化工程服务解决方案。

意大利赛班（Saipem）：赛班公司于 1957 年在意大利成立，由钻井承包商 SAIP 和石油装配公司 Snam Montaggi 作为母公司合并组成，起初作为意大利石油天然气巨头埃尼集团（Eni）的服务提供商。1984 年，赛班在巴黎和米兰上市。赛班公司是埃尼集团的子公司，2016 年埃尼集团持有其大约 30% 的股份。目前，赛班公司是主要的国际承包商之一，可以提供钻井勘探，海上和陆地石油天然气大型项目及长输管道领域的工程设计、采购、施工和安装服务，可以在海上工程与建设、海底机器人、海上钻探、陆地工程与建设、陆地钻井、海上风电、低碳、基础设施方面提供技术方案。按照2023年的统计，赛班公司拥有30000名员工，由120个国家的人员组成，在60多个国家和地区执行项目，另外有9个制造基地。在《工程新闻纪录》2021年度全球最大250家国际承包商榜单中排名第14位。

英国派特法石油工程公司（Petrofac）：英国派特法石油工程公司是家国际一流的石油天然气工程设计及项目运营公司，主要从事石油化工工程项目设计、施工建造、油气田开发投资及海洋石油工程服务业务。公司于1991年在英国注册，集团总部位于英国伦敦，工程公司总部位于阿联酋，公司于2005年在英国伦敦证券交易所上市，为FTSE100指数成分股，公司市值约80亿美金。《工程新闻纪录》2011年度全球225石油工程公司排名第4位。公司现有员工15000人，在世界21个国家设有分支机构。2011年10月，派特法石油工程公司与中国石油工程建设总公司（CPECC）成立了合资公司——中国石油派特法设计服务公司（CPPES），从事中东及其他国际市场的石油天然气工程设计工作。

还有意大利的泰克尼蒙特（Tecnimont）、美国的麦克德莫特（McDermontt）以及西班牙的特克尼塔斯雷乌尼达斯集团（Tecnicas Reunidas，简称TR），在此不再赘述，如果想了解更多资讯，可以访问他们的公司网站。

上述知名管理公司都有非常严格的管理体系，对于技术规范、施工图纸、施工工序、质量保证、安全健康环保、计划工期等有一套严格的管理程序，大多数施工企业一开始和他们合作时都很难适应。和国内项目相比，这些管理公司要求提交和批准的文件更多，对于规范和工序的管理会按照字面的意思去执行；对于质量的要求也是不折不扣地执行检查和验收的程序；对于安全健康环保的要求，特别是高空作业、封闭区域作业、施工机具设备检查、脚手架的搭建和施工人员入口设置等，都有严格的要求。当然，由于地域和文化的差异，这些管理公司也有不一样的地方。

在成本控制方面，日韩的管理公司会对项目的成本进行更加严格的控制和管理，包括对其承包商的费用进行细致的核算和控制；欧美的管理公司更注重合同的管理和执行，通过和承包商签订详细的合同来明确双方的权利和义务，包括费用的支付和调整等，他们可能更加依赖于市场机制来控制费用。

在管理方式方面，日韩的管理公司一般采取较为集中的管理方式，对承包商的工作进行全面的监督和管理，派遣专门的管理人员到现场进行监督和协调，以确保承包商的工作符合要求；欧美的管理公司更倾向于采用较为分散的管理方式，给予承包商更多的自主权和决策权，他们通过建立良好的沟通机制和合作关系来协调各方面的工作，同时也更加注重对承包商的培训和技术支持。

在文化差异方面，日韩的管理公司更加注重跨文化管理，加强与承包商的沟通和协调，以避免文化冲突对项目造成影响；欧美的管理公司更加注重合同的执行和法律的约束，同时更加尊重承包商的权利和利益。

总之，施工企业了解到这家管理公司的管理风格和差异后，在投标的过程中，要配备能够适应其管理风格的项目人员、积极响应管理公司在招标文件里的要求、编制合格的投标文件，制定正确的赢标策略。比如：欧美的管理公司对于投标书的格式非常重视，如有偏差会导致投标书无效；日韩的管理公司特别关注报价的竞争力，会安排一次以上的商务谈判，以便能更好地控制成本。

4.5 业主和管理公司的决策速度

由于上述各种因素，业主或管理公司对于问题的处理效率直接影响到施工企业的项目执行。施工企业要了解其在招标文件或合同里的工作范围、对于合同文件的批复时间是否有规定，有的合同规定自承包商提交文件起7个工作日内业主应给予回复，逾期则视为自动批准。但是，并不是所有的合同都有这样的规定，需要施工企业特别关注，必要时可以在投标文件里作出说明，这样有利于合同文件的批复和项目的顺利执行。施工企业还可以通过标前澄清得到确认，或直接把要求写在投标书里，通过合同谈判，争取最终写在合同里。

4.6 本章小结

本章主要讨论了合同变更、设备和材料采购、业主管理风格、管理公司管理风格、业主和管理公司的决策等带来的风险和应对的策略。

合同变更条款风险：了解招标文件里有关合同变更的条款和业主、管理公司对合同变更的处理方式；了解合同包干价的风险对施工企业来说是最大的，其次是单价合同的风险以及间接费用的风险。其目的是帮助施工企业在投标的过程中，对不适合的有关合同变更条款提出偏差并谈判达成一致；包干价合同要防止计算错误和单价遗漏，单价合同要提交合理有竞争力的单价。

设备和材料采购风险：施工企业需要了解甲供材料和乙供材料的责任，以及业主对于当地供货商的要求。乙供材料的采购会对施工企业的报价产生影响，如果管理不好，会对项目的执行带来成本的亏损和工期的延误，施工企业在投标的过程中要特别注意。

业主的管理风格：施工企业可通过研读招标文件了解业主管理风格以提高中标率。比如：业主对QHSE的要求和施工企业在国内项目上的要求不同，业主对使用本地的分包商或供货商的要求一般都是法定的，业主喜欢曾经做过他们项目或有类似经验的人员参与他们的项目，业主的组织架构是否有轻盈或偏重之分等，施工企业要针对性地准备投标文件和其后的述标。

管理公司的风格：主要介绍了能够在海外管理大型项目的工程管理公司。这些管理公司都有严格的管理体系，对技术规范等方面要求严格。日韩的管理公司控制项目成本更加严格，采取集中管理，注重跨文化管理；欧美的管理公司更注重合同管理和执行，倾向分散管理，更注重合同和法律约束。施工企业了解管理公司的风格和差异后，投标时要配备合适的人员，响应要求，编制合格投标文件和正确的赢标策略。

业主和管理公司的决策速度：了解业主或管理公司处理问题的效率和招标

文件里有关合同文件批复时间的规定。如果需要写明批准时间的，在投标文件中作出说明，或通过标前澄清确认，直接写在投标书里并经合同谈判争取写入合同，以利合同文件的及时批复和项目的顺利执行。

第二部分将讨论中标后，施工企业在项目执行过程中遇到的风险和应采取的防范措施。

第二部分

项目执行过程中的风险识别和防范

本书第一部分主要讨论了资格预审和投标阶段的风险,接下来将讨论项目实施过程中的风险。

一旦中标,施工企业的项目执行团队要和负责投标的团队进行交接,把过去做的风险评估和相应的策略传下去,需要项目执行团队就此重新做评估。对于那些已经过关的风险要关闭,对于那些没有完全过关的风险,要补充新的措施予以规避或减少风险的危害,同时要辨别出项目实施过程中新的潜在风险并制定降低或避免风险的相应措施。我们有选择性地讨论对项目执行起到决定作用的风险:

1) 施工图纸发放延误和设计变更:施工图纸由管理公司或 EPC 总承包商完成并颁发给施工企业,有时会遇到晚发图纸的情况,还会发生经常性的设计变更,有些设计变更发生在施工前还相对好处理,有些设计变更发生在施工完成后,需要返工,给施工企业带来潜在的工期延误和额外费用的风险。

2) 甲、乙双方供应的材料交货延误:甲供材料交货延误会影响到施工企业的进度计划,当然,这个可视为是施工企业在工期延误或额外费用方面的索赔机会;乙供材料如果延期交货,影响了计划工期,施工企业往往不得不自己担负这方面的责任。无论是哪种原因,施工企业会面临施工工序变化、人员窝工、施工设备闲置、工期延误和发生额外成本的风险。

3) 工期延误和违约罚款:由于各方面的原因,工期不得不延误,如果延误的原因来自于施工企业,可能会发生工程逾期完工,施工企业会面临不得不支付逾期违约罚款给业主或管理公司的风险。

4) 合同变更管理:由于设计变更、施工工序的变化、设备和材料到货延误、施工图纸发放不及时、不可抗力原因、新的工作范围等,业主和管理公司要求施工企业提交报价和方案,通过谈判达成最终价格和工期影响,然后通过书面的合同变更文件加入到合同里。当然有些是由于施工企业自身原因造成的变更,业主和管理公司不一定认可,需要施工企业提交充足的支持文件说服业主和管理公司,施工企业必须负责举证是一般性原则。施工企业需要辨别各种潜在的风险，做出相应的行动计划，降低因处理合同变更不利带来的影响。

除了上述风险外，我们多增加一章来讨论以下风险，目的是引起施工企业对此风险的高度认知及如何把这些风险转变成有利于自己的机会：

1）工作签证会耽误来自中国和第三国人员的有效动员，造成工期延误的影响，同时可能发生额外的成本。
2）现金流的风险会造成施工企业无法保证项目的进展，无法稳定好项目执行团队、分包商和供货商。

需要说明一点，上述风险和第一部分里提到的风险有部分重叠。比如：甲供材料、工作签证、合同变更等，但是风险的内容不同，针对的阶段也不一样；第一部分主要是如何把风险策略编制在投标文件中以便规避或降低风险的影响，提高中标率；第二部分主要是如何采取措施顺利执行好项目，施工企业能够有充足的现金流、追踪影响工期和费用的因素，避免因工期延误造成违约罚款，能够按期完工。

第5章 图纸延误和设计变更风险

施工图纸，英文为 Approved For Construction（AFC）或 Issued For Construction（IFC），由 EPC 总承包商或 EPC 管理承包商的设计团队完成，有时他们会分包给专业的设计公司去完成。在海外大型项目上，不同的专业会有不同类型的施工图纸，并且有些专业还需要施工企业进一步发展"详图"（Shop Drawing）用于预制和施工。

在桩基、土建和混凝土专业，管理公司会发放桩基详图、平面布置图、各专业的施工图纸，要求施工企业把桩拼接详图、土方开挖和模板支护的方案、混凝土设计配合比等技术资料提交给管理公司审核和批准。

在管道、设备和结构专业，施工企业会收到来自管理公司的工艺管道和仪表流程图（P&ID）、管段图（Isometrics）、钢结构标准图和总布置图、三维模型（3D Model）、设备供货商的安装图、设备列表、供货商推荐的安装程序、设备标准图、泵装置总布置图、容器总布置图、管壳总布置图、平面布置图等，需要施工企业发展钢结构的详图用于钢结构的预制和拼装等。

在电器仪表专业，施工企业会收到单线图（Single Line Diagrams）、设备总布置图、电器布置平面图（地面以上和桥架）、电器接地详图、电机控制原理图、接线图、端接图、仪表总布置平面图、仪表安装详图、仪表接线图、仪表回路图（Loop Diagram）、控制车间内设备布置图、电缆表、桥架总布置图等。

以上施工图纸的完整性、及时性和深化设计的要求，会直接影响到施工的有效推进，施工企业需要关注以下风险：

1）有没有按照计划颁发施工图纸；

2）由于催得急，施工图纸发了，有些信息还不能确定，图纸里标有

"hold"，表明此处仅作参考，不能用于施工；

3）按图施工完毕后收到设计图纸变更，要拆掉返工；

4）设计图纸有错误，施工企业按图施工的过程中或完工后才发现，造成返工。

施工企业的项目执行团队要了解施工合同的价格模式，如果是包干价，在没有新增工作的情况下，管理公司和业主不做任何补偿。合同里已经包含了施工图纸（AFC）的目录、版次和出版日期，施工企业在项目执行过程中需要关注新版施工图纸对包干价和工期的影响。还要及时辨别有效的合同变更，在合同规定的期限内提交给业主和管理公司。可以参照以下影响包干价的因素。

首先，如果新的施工图纸导致工程的基线、标高、位置或尺寸发生改变，这会对工程的施工条件和要求产生实质性影响，应视为合同变更。其次，若施工图纸升版使得工程中任何一项工作的质量或其他特性发生变化，例如建筑材料的规格、工程的技术标准等有所不同，这也属于合同变更。再者，如果新图纸导致合同中任何一项工作的施工时间发生变动，或者改变了已批准的施工工艺或顺序，这同样构成合同变更。此外，如果施工图纸升版是因为业主和管理公司对建筑物的外形或使用功能有了新的想法，从而必须变更原设计方案，这也是合同变更的一种情况。最后，当施工图纸升版是由于工程条件预估不准确导致工程环境发生变化，必须要重新修改施工方案和变更施工计划，这种情况也应被认定为合同变更。

如果是单价合同，合同里使用了工程量清单（Bill of Quantity，简称BOQ），其工程量为业主和管理公司的预估量，单价为施工企业编制的综合单价，加之合同的间接费，形成了合同的暂定金额。合同里只列出了参考或标准图集，施工企业无需关注施工图纸里的工程量变化，只需按照最新版图纸施工，按此施工图纸以及计量规则计量实际完成工程量用来申请付款。同时根据施工图纸的颁发进度，可以和业主及管理公司协商通过合同变更的方式更新工程量清单的预估量或填补遗漏的单价，或者按专业进行单价转总包干价的工作。如遇返工情况，可以通过合同变更进行处理。

无论是什么样的合同价格方式,上述提到的施工图纸状况造成的风险都会对合同执行产生影响。如果施工企业没有按照合同规定及时向业主和管理公司提交诉求或自身管理不到位,会失去对成本增加和计划延误正当性的诉求权力,造成巨大损失。

5.1 未按计划颁发施工图纸

施工企业一旦启动现场动员,很重要的一项工作是根据合同里的计划、最新的总体关键线路图、合同里已经提供的参考图纸和新颁发的图纸、施工图纸发放计划、施工工序的次序、材料和设备到货的计划等编制基准计划,包含相应的人员和施工机具的动员计划。在编制过程中,可能会遇到业主和管理公司很难提供施工图纸发放计划和材料到货计划的情况,施工企业可以通过和他们沟通,在基准计划里提出对施工图纸发放时间和材料到货时间的要求(倒排法)。按照合同规定,基准计划需要得到管理公司的批准,一旦批准,将作为施工企业的基准计划,用于指导项目的执行和作为记录以后相对应变化的依据。

按照批准的基准计划,施工企业每周和管理公司开会,落实施工图纸按计划发放的状况,如果遇到施工图纸发放延误,要看一下其他区域的工作面是否充足,以便调整施工人员和施工机具,避免造成窝工或施工机具闲置。在做了以上努力后还是产生了窝工,要及时向管理公司提交窝工报告,这样可以起到两个作用——催交施工图纸和记录窝工影响。但是,需要注意的是,施工企业首先要做到根据基准计划把人员和施工机具动员到现场,管理公司有许多方式记录现场人员和施工机具动员的状况,比如:人员安全培训、设备安全检查和入场记录、每日提交的承包商报告、员工胸卡刷卡记录等。如果施工企业没有按照计划动员人员和施工机具,遇到施工图纸延误时,很难从管理公司和业主那里申请到因窝工带来的费用补偿和计划延误。

在现实中,施工企业往往没有了解项目所在国工作签证的政策,在为外籍员工办理工作签证的过程中,遇到各种预想不到的情况,无法按计划动员施工人员，而这会成为业主和管理公司控制的焦点，会影响他们对因施工图纸延迟发放而导致施工企业窝工的客观存在的合理性的质疑。

遇到施工图纸发放延误导致施工企业人员窝工时，一定要和管理公司协商，确认有没有可能干一些新增加的工作，把窝工的工人和闲置的施工机具利用起来，至少在成本上得以控制。不过，如果这样还是无法避免因施工图纸延误发放带来的工期影响，可采取以下两种方式：第一种方式是图纸发放后施工企业可以向管理公司申请加班或额外增加工人赶回进度，和管理公司协商补偿赶工的费用；第二种方式即申请工期延长。笔者比较推荐第一种方式，花小钱办大事，避免因图纸延迟发放而带来的工期延误，引发连锁反应。例如：要重新评估违约罚款的日期、增加间接费的投入、影响其他承包商相关联的工程，或许会收到关联方的费用补偿索赔等。

对于施工图纸发放延误之事，施工企业可以根据合同规定提交相应的信函，告知影响的具体状况，以便催交图纸和记录事实。作为管理公司并不愿意收到这样的催图信函，因为会涉及管理公司设计团队的工作表现以及和业主团队的界面管理问题。有时这个问题还比较复杂，有很多情况是由于设计中的疑难问题没有及时和业主沟通解决，有些时候是供货商没有及时提交技术资料等。施工企业在进度压力上可能和管理公司的施工管理团队存在共鸣点，可以多和他们沟通，请他们想办法找到替补的方案，或者通过他们施加压力给设计团队。

总之，施工图纸发放延误是很多项目经常遇到的问题，在图纸没有全部颁发之前，管理公司会全力出图，一旦某个专业的施工图纸发放完毕，管理公司就会催促施工企业全速施工，挽回失去的时间。

5.2 施工图纸里有"待定（hold）"部分

施工企业收到的施工图纸有时会标识"待定"，这主要是因为大部分国外项目详细设计和施工是同步的，且有些部分是还没有收到第三方或工艺包的技术资料而导致的，对此，施工企业只能作为参考不能用于施工。比如：管道图纸上对公称直径标有"待定"的，说明还没有确定管道的规格，目前待定的直径仅用于工程量清单的计算，不代表最终采购和安装的实际管径，施工企业要依据最终的施工图纸进行安装。所以凡是施工图纸上标有"待定"的地方，其参数仅供参考，但要注意的是实际参数必须在采购和安装前予以确定。

施工企业会在一段时间内遇到许多这样的问题，这会对施工工序和工效产生一定的影响，需要仔细分析，及时调整施工计划。同时和管理公司进行有效沟通督促尽快完善图纸，如果对计划执行产生了严重的影响，要向管理公司提出来，尽快找到替代方案。

5.3 施工图纸变更

施工图纸的设计变更在项目上普遍存在。施工企业在收到图纸变更后，要立即查看对材料采购、施工工序和计划的影响：如果施工合同的价格方式是包干价，还要看施工图纸变更对合同包干价是否有影响；如果施工合同的价格方式是单价合同，要看一下施工图纸变更是否带来工程量清单的新增项或删除项；如果是甲供材料，要看一下施工图纸变更是否影响重新订货、是否影响施工计划；如果是乙供材料，要看一下施工企业自身采购能否满足施工计划的要求。

有的管理公司在发施工图纸设计变更时，会以变更单的方式发给承包商，要求施工企业在规定（有的合同要求是7个工作日）的时间内提交报价。这是比较好的执行模式，施工企业只需要有足够的人员分析图纸变更，按时提出报价便可。

另外，有的管理公司只发施工图纸设计变更，没有要求施工企业报价。如果此变更将产生费用和工期延误，施工企业要关注合同条款中有关提交合同变更要求的时间，超出这个规定的时间，意味着施工企业自动放弃了这个权力。这是比较容易被忽视的地方，也是施工企业经常踩到的坑，需要施工企业的商务人员要有此风险意识。即一旦认为施工图纸的设计变更对材料采购、施工工序、费用和工期造成了影响，就要及时向管理公司提出来，通过协商和谈判达成一致。

案例：某东南亚项目，管理公司分发了改版的施工图纸，施工企业没有提出任何异议，按此完成了相关工作，到了整个项目结束时才提交变更申请。施工企业内部核算项目严重亏损，于是才提交了索赔申请，管理公司根据合同关于提交变更要求的有效期限的条款，拒绝施工企业的这个变更要求。所以，施工企业要充分理解合同条款，按照合同条款规定的时间提交变更申请。

还有一种情况，施工企业已经按图纸施工完毕，然后收到了施工图纸的设计变更资料，需要进行返工。施工企业对于这种设计变更一般持强烈的排斥态度，工人也不愿意拆除已完工程。尽管如此，施工企业在收到施工图纸设计变更后，还是要深入分析一下已完工的部分是否必须要做变更，并和管理公司详细讨论以避免无谓的变更。通过分析，如果的确需要返工，那就及时报价并附上返工的方案。该返工的工程量、辅助施工的设施、单价等都比较难于界定，施工企业一定要写清楚施工方案和相应的价格，越详细越好，这样有利于快速达成一致。如果报价之前就已经返工了，那么一定要留下施工的照片作为支持文件，合理报价，快速达成一致。

5.4 施工图纸错误

如果合同条款有如下类似的描述，施工企业在收到施工图纸后，一定要注意这方面的风险："技术标准和设计图纸的涵盖范围或许无法详尽无遗。承包商需要从整体上遵循其核心意图与总体目标，切不可凭借其中的任何差错或疏漏给工程带来不利影响。倘若设计图纸、技术标准、指示与其他方开展的作业或者现场实际状况之间出现任何抵触、差错、疏漏或者不一致，承包商应当即刻以书面形式通知管理公司，管理公司会颁布书面指令让承包商依令行事。若是承包商在获取上述指令之前持续开展有问题的任何工作，那么产生的整改费用应由承包商负责支付。"

上述条款说得很清楚，需要施工企业的技术团队人员对收到的技术标准和施工图纸进行仔细阅读和分析。如果发现有任何错误、遗漏，或和现场施工条件有冲突，必须立即提出来，管理公司则会在核实后签发变更通知，施工企业随后负责提交报价。

如果没有检查并核实上述问题就一味地去按照图纸施工直至完工，一旦管理公司发现问题提出整改指令时，往往会要求施工企业承担返工的费用。这和国内项目的执行方式有很大差异，国内按照图纸施工绝无问题，而海外项目却要求施工企业也要承担起对施工图纸和技术规范的审核责任。

综上所述，在海外项目的执行过程中，施工企业首先要配全技术人员来应对合同条款和管理公司的要求，注意并规避这种潜在的风险。

同时，配备齐全的技术人员还可以担当起图纸深化的责任。有时为了加快进度，在明确设计责任的基础上，在施工企业具备设计能力的前提下，施工企业可以承揽深化设计工作。相对于被动等待，主动参与设计有两方面好处：一是可以取得设计费用、增加合同总额；二是可以掌握主动权（包括时间和工作内容），尤其是在单价合同时，在满足业主功能要求的基础上，可以将设计在一定程度上向施工企业的利润点倾斜。

5.5 本章小结

施工图纸未按计划发图、设计图纸有"待定"工作、设计变更、设计图纸有错误，会给施工企业带来以下风险：

- 工期延误：施工图纸未按计划发图、设计变更或图纸有错误可能导致施工计划的调整，从而影响施工进度，造成工期延误。
- 成本增加：设计变更可能导致工程量的增加或减少，施工企业需要重新调整施工方案和资源配置，这可能会增加施工成本。
- 设计变更引起的合同纠纷：设计变更可能会影响施工企业与业主之间的合同履行，双方可能会对变更后的工程价款、工期等问题产生争议，从而引发合同纠纷。

为了防范这些风险，施工企业可以采取以下措施：

- 加强图纸可施工性会审：在施工前，施工企业应与管理公司进行图纸会审，及时发现并解决图纸中的问题，确保施工图纸的准确性和完整性。
- 制定合同变更管理制度：施工企业人员应熟悉合同里有关变更管理的要求，和管理公司一起明确变更的审批流程，确保变更的时效性和公正性。
- 加强图纸核查：施工企业人员应加强对收到的施工图纸做进一步核查，及时和管理公司沟通，排除错误并解决问题，以免用错误的图纸施工给自己带来损失。

下一章将讨论甲供材料和乙供材料遇到的常见问题和解决方案。

第6章 甲、乙双方供应材料的风险

之前在第 4.2 节中讨论了投标期间在设备和材料采购方面施工企业遇到的潜在风险。如甲乙方责任划分的风险、甲供材料风险、乙供材料采购风险、业主和管理公司推荐的供货商名单的风险等。施工企业制定策略用来编制投标文件，在投标文件中列出自己的期望并通过谈判达成一致，为以后的项目执行团队打好基础，同时把防范策略转交给项目执行团队。

一般合同里会有一个材料责任矩阵表，说明"甲供"和"乙供"的供货范围和每个里程碑的具体责任划分，具体内容已经在第 4.2 节里做了介绍，不再在此赘述。海外项目比较典型的做法是，业主和管理公司负责提供长周期的设备、专有设备、带标签的设备、动设备、静设备、管道（地上和地下）、阀门、管件、法兰、钢结构、电缆、桥架、阀门、电器设备、控制设备、消防报警设备和系统、门禁设备、监控设备等，其他的均由施工企业采购。

在项目执行过程中，尽管管理公司会把设备和材料的到货时间分享给施工企业，施工企业也编制了相关的施工计划，但还是经常会遇到甲供材料到货时间不能满足施工工序要求、材料缺货、材料有缺陷需要修理后方可安装等情况。除了施工企业需要配合管理公司调整施工工序，甲供材料的延误风险会给施工企业带来一些机遇。

在项目执行过程中，对于乙供材料，施工企业会遇到上述甲供材料带来的同样风险，以及因其资金周转引起的供货商方面的风险。由此引发的工期延误和成本影响很难得到管理公司或业主的认可。

本章将专注讨论项目执行过程中有关甲供或乙供材料带来的风险和应对的方案，具体如下：

- 甲供材料短缺或未按施工工序供货的风险；

- 管理公司指令施工企业紧急采购应由业主或管理公司提供材料的风险；
- 设备交货后发现有问题需要现场修复的风险；
- 乙供材料的风险。

6.1 甲供材料短缺和未按工序供货的风险

一般说来，国际性的管理公司对于甲供材料和设备的管理是很严格的，每一个环节都是透明的。但是，不可否认，由于种种原因，业主和管理公司在甲供材料和设备采购计划方面可能会与项目的整体计划发生偏差。对于施工企业来说，会面临材料短缺和未按施工工序供货的情况，需要的材料未到，不需要的材料来了一大堆，会打乱施工工序，影响到合同工期和成本。

针对这种情况，施工企业首先要看一下是否可以利用已有的材料进行施工，调整人员和施工机具以及重新排列施工顺序，对于由此产生的工期和成本影响，需及时报告给管理公司。

另外，对于因材料短缺无法进行下一步施工的，要和管理公司确认大约到货日期或者是否选用替代材料，并提出新的计划，包括由此引发的工期变化和成本影响。

案例：在中东的一个石化项目，一家中国施工企业承揽了污水处理厂的结构、设备、管道、电器和仪表的安装工作，2018年8月签约开始动员，合同要求2019年11月完工。项目执行期间，增加了道路施工的额外工作，合同完工工期延长到2020年4月。这家施工企业积极配合管理公司甲供材料的到货安排，同时也和管理公司达成钢结构管廊的到货顺序，把能做的工作尽量往前做，最后有些钢结构管廊到货延误造成了工作的被动，这家施工企业提出了额外费用和工期延误的索赔，就此和管理公司达成了一致意见。另外，2018年11月，750t的履带吊车动员到现场，用于大型设备的安装。但是，由于部分甲供设备的交货期滞后，不得不延长履带吊车在现场的停留时间，等到这部分设备安装时，施工企业提出了履带吊车闲置的索赔，通过和管理公司商讨，这家施工企业得到了一定的赔偿。总的说来，管理公司对这家施工企业的表现是比较满意的，因此对于他们的合理诉求，在合同框架允许的范围内给出了相应的赔偿。

通过上述案例可以看到，在甲供材料或设备延迟到货的情况下，施工企业积极配合管理公司的到货安排，对人员和机具进行相应的计划调整，把能干的工作全部完成，同时积极主动和管理公司沟通未到材料的安排。一般情况下，管理公司会认可施工企业所付出的努力，在处理索赔时，管理公司也会很公平地给予补偿。当然，我也遇到过有的施工企业和管理公司硬碰硬的情况，尽管是甲供材料出的问题，但是管理公司最终占了上风，施工企业到头来还是不得不调整应对方法，放低姿态，可惜往往为时已晚。

6.2 指令施工企业紧急采购的风险

有时管理公司会指令施工企业紧急采购他们应该采购的材料。一般情况下，对于短缺的材料采取应急采购的方式，因其内部紧急采购流程可能会比施工企业的采购流程更复杂且需要时间，考虑到项目进度计划的压力，管理公司会作为额外工作请施工企业代为采购。

投标团队应该成功地谈好采购服务费，可以阅读一下合同条款，了解有关管理公司委托施工企业代为采购材料时，采购服务费占采购额的比例，如果合适并且施工企业有充足的采购人员和能力，可以帮助管理公司进行紧急采购。一旦施工企业答应了这个指令，进度的压力就会转到施工企业这边，这虽是不利的因素，但是施工企业也可以因此更好地控制进度，同时还可以赚到采购服务费用。

案例一：东南亚地区的一个石油化工项目，按采购合同规定，要求供货商给管理公司发设备货物时要附上配管支架，交由施工企业负责安装。打开包装箱后，发现配管支架缺失，影响了设备的安装，后经比较发现与其由国内供货商预制好发货到东南亚，不如请施工企业在项目当地购买材料预制来得更快些，而且施工企业也愿意接受这项额外的工作，这样可以进一步保证安装进度。于是管理公司签发了指令，施工企业提交报价并获批准后，及时购买了材料并把短缺的支架预制好，完成了安装任务。

案例二：中东的一个矿业项目，施工企业发现和管道有关的法兰、阀门、弯头、三通、变径缺货，管道焊接和安装无法连续进行，严重影响了工作效率，于是向管理公司提出并寻求帮助。管理公司和有关的供货商讨论并及时补货，还是有许多无法满足施工进度的材料，于是把这些无法满足进度的材料交由施工企业在当地购买，施工企业既得到了材料费的补偿，又增加了采购服务费的进项，同时还满足了施工进度的需求。

综上所述，对于这种短缺材料的紧急采购，因为量少时间紧，供货商的报价普遍偏高，有时是平时价格一倍以上。施工企业一定要采取透明的招标方式，得到业主或管理公司的书面认可后方可采购，以免因价格过高而引起管理公司或业主的猜疑和不满，从而耽误及时批准价格，延误给施工企业及时付款，致使施工企业垫资时间过长，引发资金周转困难。有的时候，完全可以邀请业主或管理公司的采购人员一起和供货商谈判，利用他们的影响力把价格降到双方可以接受的水平，这样有利于材料的快速订货和送货，确保进度计划，有利于施工企业获得采购费用的及时支付。

6.3 设备修复的风险

施工企业在做设备安装的准备工作时，发现甲供设备有缺陷，待修理后才能安装。施工企业需要及时报告给管理公司，由他们做出如何修复的决定。如果供货商在海外，返修需要出口和再进口的手续，加之来回的运输时间，返厂修复的持续时间会很长，对项目进度的影响是巨大的。即便是供货商派人到施工现场进行修复，也需要一定的时间办理签证，况且签证性质是否允许委派人员在工地工作、工地的条件能否满足修复要求也都是不确定的因素。

管理公司会评估返修的时效性，也会和施工企业商量由施工企业在现场进行修复的可行性。如果可行且可以缩短修复时间，有关修复费用较合理可以接受，管理公司会指令施工企业修复，同时会要求供货商支付这笔费用。

以下是比较成功的两个案例：

案例一：在东南亚地区的一个石化项目中，施工企业收到甲供设备后，发现钢结构支座梁整体焊接在一起，然而设备的管口和膨胀节宽度超出了支座梁之间的距离，导致无法安装。为此，施工企业向管理公司提交了信息征询单，管理公司迅速予以回复。回复内容为：在车间将框架椅通过研磨切割一分为二，现场安装设备使其就位，复原框架椅，焊接或栓接被切割的部分，同时在车间把钢板焊在第一部分上，现场焊接第二部分。并且要求施工企业一边修改一边报价，以工人每天签署的工时单作为依据，问题得以顺利解决。最终，经过评估和谈判，双方就费用达成一致，在管理公司的协调下，该设备供货商支付了修复的费用。

案例二：在沙特的一个石化项目中，施工企业在收到设备后，发现塔器平台栏杆供货商在发货前未进行预拼装，需要进行修理方可安装。存在的问题众多，诸如：直爬梯入口处护笼扁铁过长；直爬梯和塔的连接孔错位；直爬梯的连接板过短，致使无法连接；直爬梯与一层平台的两个通口冲突；直爬梯预制错误，未留通口，现场安装后阻挡通行；二层平台斜撑与塔连接处孔错位，需修理；直爬梯与三层两个平台通口冲突，且直爬梯的扁铁过长影响通行，需要修理；直爬梯与四层两个平台连接存在危险，需增加直爬梯护笼扁铁；四层平台支撑连接孔错位，需修理等。鉴于此，管理公司指示施工企业在现场进行修理，采取每天批准人工、设备和材料的方式（Time & Material）作为支付的条件。修复完成后，按照批准的人工工时、设备台班和材料，根据合同里规定的人员单价、设备台班单价和材料单价，核算出了修复的费用，由塔器供货商支付给了施工企业。

综上所述，如果施工企业在现场有修复能力，而又不影响其他方面的工作，完全可以接受这项任务。对于施工企业来说，这是一举两得的好事：一来可以及时修复设备缺陷，保证安装进度；二来还能赚到额外费用，提高利润率。

6.4 乙供材料风险

在乙供材料的采购管理方面，国内的施工企业有许多有待改进的地方。比如：采购计划不够完善、采购过程中缺乏有效追踪和管理、界面管理不严谨、采购进度不透明等，这些问题不仅会影响到乙供材料的按时到货，也影响管理公司对施工企业的信任。

在投标阶段已经制定了初步的采购计划，中标后，施工企业项目执行团队应该在这个初步计划的基础上，根据合同里有关采购责任划分的规定，编制出更为详尽的、可执行的、全面的采购策略和计划。包括：每个包的供货范围、负责编制技术或商务招标文件的人员、拟用供货商名单、发标时间、截标时间、评标时间、授标时间、签合同时间、催交和最终出厂的检验时间、发货时间、清关计划、到货时间，以及每个采购包的具体采购负责人。每个采购包的具体采购负责人每周追踪进度并定时向管理公司报告。

如果管理公司或业主有框架协议，要求施工企业直接向他们下订单的，也需要把这些订单计划包含在采购策略里，同时也要追踪下单和到货的进度。施工企业可能会遇到供应商的资源缺乏问题，业主批准的供应商因没有合作过而不好管理的问题。因此，施工企业要积极拓展国内外供货商名单，及时做好资格预审，得到业主和管理公司的批准，持续建立好合格供应商数据库。

在采购合同的执行过程中，海外的供货商受到政治和经济的影响，可能会发生原材料涨价、物流费用升高、疫情中人员不足和工厂关门，甚至工会罢工等情况，无法按合同规定交货。这就需要施工企业时刻了解进度状况，及时为供货商解决困难，保证供货商按时交货。否则会非常被动，不但造成工期延误和潜在的违约罚款，还会增加自己的成本。

催交和检验是施工企业的弱项，所以一定要配备有经验的催交和检验人员，每周提交进度报告，有时这项工作因其技术性较强的原因，可以考虑使用第三方检验机构代为办理。

物流和清关也是非常重要的环节，在催交和检验的过程中，物流人员要指导供货商做好打包和运输的准备工作，施工企业一般会使用第三方货代公司提供服务，负责制定打包标准、监督和验收货物打包的情况、安排运输以及清关工作直到把货物运至指定的现场仓库。

对于上述的一系列工作，施工企业要有专人负责，重点在落实各项工作的无缝衔接，做到整体采购计划透明化。通过专业化的管理，确保乙供材料保质、保量、按时到货，只有这样，才能得到业主和管理公司的信赖，保证项目计划的顺利实施。

对于乙供材料，还有一个不容忽视的风险，就是采购合同里有关支付供货商货款的条款。如果施工企业第一次和该供货商做生意，双方缺乏信任，往往供货商会要求施工企业在发货前100%的付款，当然，有的供货商同意按里程碑付款。无论是什么付款条件，施工企业如果没有充足的现金流用于供货商的付款，会严重影响乙供材料的按时到货，需要施工企业按采购合同的付款计划准备好充足的资金。

案例：在东南亚地区的一个石化项目上，施工企业负责钢结构管廊的采购、预制和安装，技术规范执行英国标准。在寻找钢材资源的过程中，施工企业花费了不少额外的时间，最终从我国台湾采购到了符合英标的材料，但是采购价格远远超出了预算，因此产生了亏损；另外，管理公司把立体3D模型发给了施工企业，要求他们用Tekla软件深化设计制出预制图纸（Shop Drawing）。施工企业没有深化设计的经验，对钢结构预制厂和设计公司缺乏约束力和管理能力，因此又花了很多时间周旋在管理公司、预制厂和设计公司之间，可能因为语言交流问题，2个月过去了，却没有任何实质性的进展。最后管理公司不得不派出一个团队入驻施工企业的设计公司，指导他们的工作，推动了预制图纸的发放速度，保证了钢结构的预制进度。

通过以上案例的分析，施工企业在投标的过程中没有认识到英标的重要性，没有咨询到相应的钢材价格，低估了图纸深化的难度，高估了自己对于管理预制厂和设计公司的能力，加之语言交流障碍，造成了成本亏损和工期延误。尽管管理公司帮助解决了图纸深化问题、工厂质量检验和质控问题，施工企业也在后期积极主动做了大量的工作，如提早锁定海运船只和及时清关等，但是，施工企业不得不承担管理公司派遣团队的费用，增加了成本，加大了进一步的亏损。因为这是乙供材料，上述发生的成本损失和工期延误无法获得管理公司和业主的补偿。

所以，施工企业在乙供材料采购方面的风险是无法转嫁出去的，需要管好采购过程中的每一个环节,及时辨别出投标时因疏忽引起的风险。在项目执行过程中虽然很难改变什么,但是可以通过有效的管理把风险降低到最低程度。

6.5　本章小结

本章讨论了甲供材料短缺、未按工序要求交货、甲供材料出现缺陷需要修复、管理公司指令施工企业紧急采购和乙供材料,可能会给施工企业带来以下风险:

- 工期延误风险:甲供材料短缺、未按工序要求交货或出现缺陷需要修复,可能导致施工工序的改变,引起进度延误,影响整个项目的施工进程。
- 紧急采购引发的合同纠纷风险:管理公司紧急要求施工企业采购可能会违反合同约定,双方可能会对变更的工程价款、工期等问题产生争议,从而引发合同纠纷。
- 设备修复的风险:设备修复时间拖得很久,会影响安装进度,可能影响到人员窝工和设备闲置,造成亏损。
- 乙供材料的风险:中国施工企业在海外项目乙供材料采购管理方面存在不足,全面协调能力需要改进,如果因此影响了施工进度和费用,施工企业将不得不自己承担损失。

为了应对这些风险,施工企业可以采取以下措施:

- 与管理公司和业主沟通:及时与管理公司和业主沟通,了解甲供材料没有按时到货的原因和预计交货时间,并协商解决方案,如调整施工计划、寻找替代材料等。
- 寻找替代材料或供应商:在甲供材料短缺的情况下,施工企业可以积极寻找替代材料或供应商,推荐给管理公司,以确保施工进度不受影响。
- 采购之前得到管理公司和业主对价格和物品的认可:对于要求施工企

业进行紧急采购事宜，施工企业一定要得到管理公司和业主对费用、技术参数、交货期等认可后，方可签订采购订单。

- 施工企业可以帮助修复设备缺陷：施工企业发现甲供设备缺陷需及时报告管理公司，由其决定修复方式；若施工企业现场修复可行且费用合理，施工企业可以参与修复工作，修复之前需要谈好费用，一般管理公司会要求供货商支付费用。
- 有效管理乙供材料风险：编制详尽采购策略和计划，拓展供货商名单，做好资格预审，建立数据库。采购合同执行中可能受多种因素影响无法按时交货，需及时了解进度解决困难。催交和检验是弱项，可使用第三方机构。物流和清关环节重要，需专人负责确保工作无缝衔接。同时，支付货款条款也存在风险，施工企业需准备充足资金。最后通过案例说明乙供材料风险无法转嫁，需施工企业有效管理降低风险。

下一章将讨论工期延误和违约罚款的风险及应对措施。

第 7 章 工期延误和逾期违约罚款的风险

在本书第 3.3 节中已经讨论了如何确定行业内大家能够接受的工期延误带来的逾期违约罚款，一般情况下不超过合同额的 10%。如果招标文件里有更高的要求，施工企业在投标时要争取获得行业内可以接受的比例。

本章需要关注的是在项目执行的过程中有关工期延误和逾期违约罚款的风险。项目团队需要阅读合同里有关里程碑完工日期和逾期罚款的比例和金额，在此基础上，制定如何在里程碑完工日期前完工的措施，避免因未能按期完工造成的违约罚款。

海外的合同版本有 FIDIC 条款，业主和管理公司也有各自的合同条款。无论项目采用哪种合同版本，在工期延误上，基本上就是两种情况：一种情况属于非施工企业原因导致的合同工期延误；另外一种情况属于施工企业的原因导致的工期延误。

以下进一步讨论不同情况下的工期延误和逾期违约罚款的风险：
- 不可抗力原因；
- 非业主、管理公司和施工企业的原因；
- 管理公司或业主的原因；
- 施工企业自身原因；
- 逾期违约罚款。

7.1 不可抗力风险

之前已经在本书第 2.1.1 小节和第 2.4 节中讨论了"不可抗力"的范畴和应对的策略，在此不再赘述。我们假设投标团队仔细研究了合同条款，评估了项目执行期间"不可抗力"事件，制定了相应的措施，也考虑了有关的不可预见费。

在项目执行过程中，施工企业的项目执行团队要了解当时的风险评估内容，包括但不限于：对哪些"不可抗力"事件做过风险评估；对每一个辨别出的风险采取的是什么预防措施；是否用蒙特卡罗（Monte Carlo）的分析方式[①]算出了不可预见费，且是否把这笔费用放到了合同报价里等。在这个基础上，进一步制定项目执行期间遇到"不可抗力"事件时要采取的防范措施，以及如何使用备用金等。

如果遇到"不可抗力"事件，施工企业应该遵循合同条款的有关规定，立即通知业主和管理公司，包括事件的性质、预计持续时间和对合同履行的影响程度等信息，提供相关的证明文件，如政府发布的公告、权威机构的报告、气象或地质灾害证明等，以证实不可抗力事件的存在和其无法预见、无法避免、无法克服的性质。如果发生的事件已经在投标时的风险评估报告里，施工企业可以按照预案开始行动；双方应本着公平和诚实信用的原则进行协商，共同探讨如何处理"不可抗力"事件以便最大程度减少双方的损失，如调整合同工期、合同延期履行、部分履行或者解除合同等。对因"不可抗力"事件造成的损失进行评估，确定哪些损失应由各方自行承担，哪些可以通过合同约定的方式分担或由保险赔偿。如果可能，可重新协商确定合同的履行方式和时间，例如延长合同工期、调整主要里程碑完工日期和逾期违约罚款比例等。

许多在国外执行项目的施工企业于2020～2021年间遇到了新冠肺炎疫情，有的施工合同里并没有明确写明疫情属于"不可抗力"范畴。在疫情发生后，几乎所有的施工企业提交了工期和费用索赔以及有关的支持文件，如政府颁发的防疫公告、业主和管理公司的书面防疫要求、施工企业采购的防疫物资发票

[①] 在施工领域，利用蒙特卡罗分析评估风险并确定不可抗力事件发生时的不可预见费用是一种方法，该方法利用大量随机抽样来模拟施工过程和外部因素中的不确定性和潜在变化。通过为项目工期、材料成本、劳动力可用性以及不可抗力事件（如自然灾害、政治动荡）发生的可能性和影响等参数生成随机值，然后基于这些值进行计算和分析，可以估计施工期间潜在风险的概率分布以及可能产生的不可预见费用的金额。这有助于施工管理人员和决策者了解可能的结果范围，并在风险缓解策略和为不可预见情况编制预算方面做出更明智的决策。

等，通过澄清和讨论，有许多业主和管理公司认定了这场疫情属于"不可抗力"的范畴。按照"不可抗力"的补偿原则，如果疫情没有迫使合同终止的情况下，施工企业在工期上会获得相应延长，但额外发生的成本需要各自承担。

案例一：某中国施工企业在中东执行某个化工装置安装项目期间，遇到了新冠肺炎疫情。依照管理公司的指导，施工企业采用每25人一组的管理方式，一起吃饭、一起上下班、一起工作、一起在营地里封闭休息。在此过程中，要确保有效的社交距离——至少保持1m。这就要求施工企业妥善安排好营地划分、每个人的活动范围、吃饭的位置、上下班班车的座位以及与其他分包商的接触点等，以达到避免相互交叉传染的目的。同时，还要求施工企业购置相关的防疫工具和物资用于疫情防控。然而，在防疫期间，发现了3位同事感染，他们分别来自不同的两组。因此，约47人被隔离在营地里长达4天，等待筛查结果。4天后未发现更多患者，这47人复工干活。类似的情况后面又发生了两次，累计影响工期共12天。施工企业按照"不可抗力"的条款，按时提交了工期延误和费用补偿的申请，内容如下：

- 因隔离人员引起的工期延误12天；
- 因采取防疫措施，施工降效影响了工期20天；
- 采购防疫物资和工具发生了额外费用；
- 40多人总计窝工12天的费用；
- 相关的施工机具闲置12天的费用；
- 采取防疫措施带来了额外的成本投入；
- 因为疫情本应撤离，但滞留海外的工人和管理人员的费用。

管理公司收到申请后，根据合同里有关"不可抗力"的规定，同意了工期的延误、采购防疫物资和工具的费用补偿，拒绝了其他的要求，阐明了合同的责任，即各自承担各自的损失。

案例二：2017年有一家中国的海洋工程公司参与了北美一大型LNG模块项目的投标，管理公司是一家知名的国际承包商，由于这家承包商预制场每年都会遇到台风，在做风险评估时，预估了每年可能遇到2次台风，每次造成3000工人窝工2天，并通过蒙特卡罗计算出不可预见费，加到了对外的报价里，同时把每年 4 天的影响也考虑到投标书的计划里。中标后，这家公司按照原来的策略进一步制定详细的措施，在遇到台风后，这家企业就记录下了影响的时间和工人窝工的事实，按照"不可抗力"的条款，向管理公司提交了"不可抗力"对工期的影响和相应的人员窝工费用的报告。按照合同的相关规定，得到了工期延误的认可，但是窝工费被管理公司拒绝了。因为该企业已经考虑到此因素，在报价里也做了不可预见费，用这笔费用自我补偿便将损失降到了最低。

就"不可抗力"事件，通过对合同条款的解释和对上述案例的分析可以看出，在项目执行过程中：1）有的"不可抗力"风险，施工企业一开始就没有辨别出来，比如案例一里描述的疫情，事件发生后，几乎所有的施工企业只能被动地应对，没有预案和不可预见费用；2）施工企业辨别出了某些"不可抗力"的风险，也做出了评估，也有不可预见费用，但是，项目结束时此风险没有发生过；3）施工企业辨别出了某一"不可抗力"风险，预估到了影响并制定了相应的措施和不可预见费用，项目执行过程中的确发生了，施工企业根据预案做了处理，把事件对工期和费用的影响降低到了最低水平，如上述案例二里有关台风的影响。

综上所述，在项目执行过程中，施工企业要承上启下，不断审核过去的风险、辨别新的风险、关闭已经过关的风险。对于新的风险，制定出预防措施，通过不间断的风险管理，确保项目能够顺利执行并把由此对工期的影响和发生逾期违约罚款的概率降到最低。

7.2 非业主、管理公司和施工企业引起的风险

还有一些影响工期的风险，既不是业主和管理公司引起的，也不是施工企业引起的，并且也不属于"不可抗力"的范畴。对于这种风险，施工企业要时刻观察，每天记录，及时上报。支持资料收集得越全越好，如果被认可，一般情况下，既可以延长工期也可以获得费用补偿。如果项目工期要求比较紧张，业主和管理公司可能会考虑"拿金钱买进度"，在这种情况下，施工企业如果

有能力，就要全力支持业主和管理公司达到目标，而且施工企业可以得到额外的赶工奖励。

往往这样的风险在项目投标过程中很难被辨别出来，施工企业只需确认有利于自己的合同条款，一旦有了风险，施工企业按合同规定提交索赔申请和支持文件便可。

比如，如果施工企业的工地所在地遇到严寒、过度降雨、过度下雪、连续雷暴大雨、超冷或超热的天气时，一定要根据合同有关条款来识别非正常的天气。可以分析过去10年的天气记录，判断是否为异常天气，这种天气是否影响了实际的关键线路进度等。当然，施工企业收集信息和分析这些风险是否超出了当地的常年记录水平时存在着巨大的挑战，况且业主和管理公司会认为有经验的施工企业应该对工地的异常气候有所了解，并且已经在技术投标书里做了防御性的措施，也在进度计划里做了相应的安排。如果发生了上述的任何一种非正常天气情况，施工企业一定要每天记录，如果恰逢管理公司每天要求承包商填写日报告的，施工企业可以利用这个机会把天气情况记录下来；同时和当地的气象部门联系，如果近10年的气象数据是公开的，则可以直接领取，如果不是，需要和气象部门签署服务合同，从他们那里购买，以便通过比较来证明所发生的天气是近10年来没有过的，是施工企业投标时没有预见到的风险，以此来取得业主和管理公司的认可。

案例一：某中国的施工企业在埃塞俄比亚某环城路第H标段建设项目中，当地的雨季通常从6月持续到9月中旬，而该工程在施工期间从2月份开始就遭遇了异常不利的降水并一直延续到9月中旬结束，共延误35天，对施工企业土方工程及排水设备安装的施工均造成影响。施工企业现场人员对这一情况如实进行了记录，并在提交索赔报告时，把延误的工期和造成的额外费用做了说明，同时提交了当地气象部门的气象记录和对异常气候的分析，得到了业主和管理公司的认可。

案例二：2008年4月，中国某承包商与斯里兰卡城市发展管理委员会签订了承建城市排水管道项目的合同。该项目由亚洲开发银行出资，合同金额约720万美元，原合同工期530天，项目采用1999年版FIDIC《施工合同条件》。

在工程施工过程中，挖掘出了一个僧伽罗王朝时期的建筑遗扯，中国施工企业迅速采取了合理的保护措施并及时通知了管理公司。因此造成20天的工期延误和工人窝工费用，经施工企业及时提出工期延误和费用索赔后，成功获得了管理公司的认可和批准。

通过上述案例分析，对于这种风险的发生，只要施工企业及时记录、分析和提交申请，成功获得认可的概率很高。

7.3 管理公司或业主引起的风险

因业主或管理公司原因造成的工期延误而导致的索赔比比皆是，施工企业往往在这方面花费很大的精力去记录和收集证据。正如在第5章和第6章里讨论过的，这些延误情况包括：未按计划给施工企业颁发施工图纸、施工图纸上标有"待定"不能施工的部分、施工图纸变更、施工图纸错误、甲供材料到货延误或短缺、因设计变更而返工等，在此不再赘述。

对于在上述章节里还没有提及的、由业主和管理公司引起的工期延误风险，在此做进一步讨论，如业主提供的技术资料准确性风险、施工企业不具备进场条件的风险。

业主和管理公司提供的技术资料有误：在项目投标报价时，业主和管理公司提供了工地设计条件、地质勘查报告、工地平面图、设备布局图、施工工地出入口、物流通道、临时设施布局、已有工程设施、测量控制点等技术资料。施工企业要对这些资料进行分析，并通过澄清深入了解这些资料，如果有问题就要记录下来，并在技术和商务标书里做出回应。

施工开始后，业主和管理公司会发布上述资料的更新版本，施工企业收到后一定要全面查看、深入研究，如有差异和问题一定要书面澄清，不要直接按照此更新版本的技术资料开始施工，一旦出现问题，施工企业无法逃脱责任。因为有关的合同条款规定"承包商（施工企业）要负责业主或管理公司提供技术资料的正确性和完整性……据此完成工作"。所以，施工企业通过澄清可以辨别出哪些资料会引起潜在的工期延误，据此可以提出工期延误请求。一般合同原则：如遇到这种情况，施工企业一定要在得到业主和管理公司的书面指令后才可以按照更新的技术资料进行施工，这样才有条件就工期和费用的影响得到应有的补偿。

工地进出通道：招标文件里规定，工地进出通道由业主和管理公司提供，施工企业负责提供和维护其工地内部的临时道路。在投标时，施工企业应该根据这样的条件编制了投标书。有时会遇到项目已经开工，工地进出通道还没有建好，影响了施工企业的开工进度，因此会导致工期延误。有经验的施工企业会预判这种风险的发生，在投标书的进度计划里考虑一段动员的时间，得到管理公司的确认。比如：先建造临时办公室和临时设施、编制文件并获得批复，如基准计划、安全计划、质量计划、材料采购计划等，待工地出入口开通时，再开始实质性的工作。在实际工作中，当施工企业辨别出因工地出入通道造成工期延误、人员窝工、施工设备闲置等问题时，应该立即通知业主和管理公司，要求他们及时提供通道，同时记录延误这一事实，有待进一步提及工期延误的申请。

案例一：在中东的某一石化项目，有一家施工企业合同计划是要求在1月30日完成南北向管廊打桩，如果逾期，需要赔偿业主合同额的5%。由于业主的临时设施还没有完成，实际上在3月29日才把南北向的工地交给施工企业。基于此，施工企业需要一个半月的时间完成打桩，并据此提交了合同工期延长申请，把完工的日期定为5月15日，同时把5%的违约赔偿日期也改到了5月15日后。管理公司在评估后批准了工期延期和违约赔偿日期的变更，施工企业由此避免了违约赔偿的问题。

案例二：在东南亚地区的一个化工项目上，有一家施工企业已经完成了尾气回收管线的安装工作，在整个项目快完工时，管理公司和业主发出了尾气回收管线修改的设计图纸，施工企业不得不拆除已经完成的管线，按新的图纸重新预制并安装了管线、仪表、观察孔、滤器和相应的支撑，同时完成了焊接、无损探伤、水压试验、管道吹扫的工作和验收程序。施工企业向管理公司提供了报价和相应的支持文件，安装报价主要涉及人工费用、施工机具和脚手架费用；对于水压试验和验收的工作，则遵循了合同的单价；对于拆除的工作，则依据了人工工时和机具台班。通过对每天的记录审核，增加的费用得到了管理公司的认可，但是由于对工期的影响可以忽略不计，故没有批准工期延误的申请。

对于业主或管理公司原因引起的工期延误，施工企业收到他们的文件及材料时，一定要做详细的研究，及时向他们提出申请和支持文件，最终达成一致的可能性很大。

7.4　施工企业原因

正如在本书第 2.2.4 小节中讨论过的那样，施工企业在办理工作签证时面临着政策性风险、计划性风险和专业性风险，应该在投标的过程中制定相应的措施。中标后，项目执行团队一定要了解投标时的策略，继续沿用当时的人员和选中的中介机构，进一步了解好项目所在国的工作签证政策，做出相应的计划并按此执行，且一定要由专人负责实施。因为工作签证的原因耽误了人员动员导致延误工期，是得不到管理公司和业主认可的。

乙供材料到货延误（详见第 6.4 节）；施工设备和机具的动员未按批准的基准计划去执行、乙供材料未及时到货，由此引起的工期延误和相应的违约罚款也需要施工企业承担后果。

总之，对于上述风险，均是施工企业自身原因造成的，需要想尽办法降低或避免上述风险的发生，以便降低自身的损失。

7.5　逾期违约罚款

如果投标团队没有谈判好逾期违约罚款的限额，即不超过合同额的 10%，对于项目执行以及项目的成功极其不利。施工企业应该把违约罚款的限额制定为投标红线，务必把该风险控制在投标阶段，不要指望在项目执行过程中作修改，那是徒劳的，一定要认识到海外合同执行的严谨性。

任何工期的延误都会造成某些里程碑无法按合同规定日期完成，其相应的违约罚款会变成施工企业的巨大风险。在项目执行过程中，施工企业要时刻关注影响工期延误的原因，如果属于"不可抗力"、非施工企业自身原因等造成的工期延误，要及时提出申请，通过和管理公司沟通，争取能够调整有关里程碑的竣工日期和相应的罚款金额，避免由此给施工企业带来损失。

7.6 本章小结

我们讨论了工期延误造成的原因以及遇到不同的情况时，如何通过施工企业项目执行团队的努力申请工期延误和调整逾期违约罚款金额：一来可以得到管理公司和业主对工期延误原因的认可；二来可以因工期延误得到一些费用的补偿；三来可以相应地调整违约罚款日期和金额，从而避免施工企业的损失。

因施工企业的原因造成的工期延误会导致整个项目产生亏损，工期压力巨大。因此，施工企业需要积极采取措施，避免不必要的罚款。

工期延误和违约罚款会给施工企业带来以下风险：

- 经济风险：施工企业可能需要承担因工期延误而产生的违约罚款等经济损失，这会对企业的财务状况造成不利影响。
- 信誉风险：工期延误可能会导致施工企业在业内的信誉受损，影响其未来的业务发展。
- 法律风险：如果工期延误违反了合同约定，施工企业可能会面临法律诉讼或仲裁，需要承担相应的法律责任。

为了应对这些风险，施工企业可以采取以下措施：

- 合同管理：在签订合同前，仔细审查合同条款，明确双方的权利和义务，特别是关于工期延误和违约罚款的规定。在合同执行过程中，严格按照合同约定进行施工，及时与管理公司沟通，避免因违约产生罚款。
- 风险评估：在项目开始前，对可能影响工期的因素进行风险评估，制定相应的风险应对计划。例如，对极端天气、不可抗力、材料供应等因素进行预测，并制定应对措施。

- 进度管理：制定合理的施工计划，得到管理公司的书面认可，合理安排施工进度，确保项目按时完成。在施工过程中，及时监控进度，发现问题及时解决。
- 沟通协调：与管理公司和业主等相关方保持良好的有效沟通，及时解决问题，避免因沟通不畅而导致工期延误。

下一章将讨论合同变更的风险，也是项目执行过程中最为重要的部分。

第 8 章 合同变更管理风险

在第 4 章"投标期间识别业主和管理公司风险"之第 4.1 节"合同变更条款风险"项下，讨论了施工企业在投标过程中需要关注的风险。比如：了解招标文件中有关合同变更条款和程序是否存在风险、业主和管理公司的合同变更程序带来的风险、包干价和单价合同的风险，以及需要采取规避风险的措施等，以便确保施工企业获得有利于自己的合同变更条款和程序，能够配备合适的专职人员负责合同变更，提交合理并有竞争力的价格，提高中标机会。

本章将讨论项目执行过程中有关合同变更管理的风险。施工企业需要在原有投标策略的基础上，进一步更新风险以及规避措施，按照规定的合同条款以及变更程序进行报价和谈判，尽快取得一致意见并签署，及时提交相关工作的付款申请并得到支付，保证施工企业有健康的资金流。合同变更管理是项目成功的最重要的工作之一，可以控制好项目成本，避免亏损。

在项目执行过程中遵守合同变更程序是施工企业容易忽视的地方，直接影响合同变更的有效性和及时性。对于需要施工企业辨别的合同变更，存在着巨大风险，如何应对才能获得管理公司的及时认可也是巨大的挑战。本章主要就此展开讨论。

8.1 合同变更程序

施工企业管理人员一开始就没有执行好合同变更程序，失去提交合同变更申请的正当性，造成合同变更无法得到补偿，成为风险。比如：施工企业在某些变更工作完成后才提交合同变更申请，因违反了时效性的原则，被管理公司和业主拒绝，给公司制造了麻烦，同时也给管理公司和业主带来困扰，不利于合同管理的正常执行，给公司带来成本损失。

管理公司或业主发布合同变更指令，主要涵盖工作范围的增减、修改，设计变更，基准计划的修改，施工工序的变动，技术规范或质量标准的变化，交付成果的更改，以及反支付等方面。要求施工企业及时提交报价方案，一般合同条款里对报价时间有要求，如收到变更指令后10个工作日内。然而，由于有的施工企业对合同变更条款不够了解，未配备具有丰富国际工程经验的合同管理人员，常常导致对管理公司或业主的指令回复不及时，且与公司内部的施工和技术人员衔接不畅，所提交的报价方案也经不起推敲，存在较多与招标文件要求不符之处，使管理公司逐渐对施工企业的能力丧失信心，致使施工企业在获得合同变更批准的事情上面临极大挑战。

例如，在某一国际工程项目中，一家施工企业由于对设计变更指令回复迟缓，且报价方案漏洞百出，导致管理公司对其能力产生严重质疑，最终在合同变更审批中遭遇重重困难。而另一家施工企业则积极应对各种指令，及时提交合理的报价方案，且与管理公司保持良好有效的沟通，从而成功获得了多次合同变更的批准。

为此，建议施工企业强化合同管理人员和报价人员的团队力量，积极响应管理公司或业主的指令，及时与管理公司或业主展开谈判并达成一致意见。在此过程中，要着重关注提交方案的时效性、报价的精准性和务实性以及谈判的合作性。无论管理公司或业主的指令是增加费用还是减少费用，都应同等对待，以此树立管理公司或业主对施工企业的良好印象，而不应只对增加费用的指令予以回应，却不理会减少费用的指令，这种情况在项目中屡见不鲜。

还有一种情况需要施工企业特别关注：如果管理公司或业主发布了反支付的指令，务必立即上报项目经理，迅速做出决定并回复管理公司或业主。所谓反支付，指的是原本属于施工企业的工作范围，因施工企业迟迟未开展相关工作，管理公司会找第三方替代施工企业完成此项工作，要求施工企业一并支付所产生的实际费用加上管理公司的执行费用。反支付指令的利好之处在于给施工企业一个机会，督促其尽快完成该项工作。施工企业需要知晓，无论施工企业是否在24小时内签署反支付指令，只要其不立即动员施工，管理公司就会请第三方完成工作，进而形成反支付索赔。

例如，在某大型建筑项目中，施工企业对反支付指令未予足够重视，没有及时上报并采取行动，管理公司迅速引入第三方完成工作，对施工企业进行了反支付索赔，给施工企业造成了巨大的经济损失。

另外一种情况是，即便管理公司未发布变更指令，施工企业也需自行判断是否存在变更，并及时提交变更申请，管理公司会对其正当性进行审核——或是拒绝，或是请施工企业补充资料以做进一步评估审定。此类情况包括设计图纸变更导致的重复施工，甲供材料供货时间延迟致使施工企业人员窝工、施工机具闲置、工期延误，基准计划的变动以及相应的逾期违约罚款日期的变化，施工合同包干价情形下的工作范围改变，施工单价合同（清单合同）中工程量的变化与新增单价，还有施工企业自身提出的因天气原因或"不可抗力"引发的费用和工期变化等。往往施工企业在项目执行过程中不注重收集信息，也未及时提出变更申请，很多时候都是在项目末期提交了证据不充分的变更申请，而由于合同存在时效性的要求，管理公司通常都会拒绝这类申请。因此，施工企业合同管理人员需要有这方面的认知，及时与公司内部工程师和施工部门沟通，按时提出合同变更申请。有时，如果尚无具体的费用报价，可以先发送一封信函，告知管理公司潜在的变化，随后收集信息，尽早提交详细的申请。倘若管理公司认可其变更申请，接下来就是积极配合管理公司，补充证据以完成评估和谈判，最终签署合同变更文件；若是管理公司不认可其申请资格，便会予以拒绝。如果施工企业仍然坚持再次提交，大概率会演变成索赔。索赔是指管理公司和业主与施工企业之间对变更申请的正当性无法达成一致，施工企业执意提交，管理公司会在24小时内确认收悉；本着谁索赔谁举证的原则，由施工企业提交有说服力的证据，等待管理公司评估处理。对于索赔的评估和处理，管理公司没有明确的时间表，有可能直至合同关闭时也无法达成一致，从而潜在地会通过仲裁取得最终解决方案。不过，建议施工企业尽可能地提交充足的证据，争取在合同关闭前谈出结果，通过合同变更文件将其纳入合同，获得支付。

案例一：有一家施工企业没有收到管理公司的书面指令就开始了费用约

100万美元的变更工作——土方回填。在管理公司和业主内部走批准流程的过程中，这个指令被否决了，施工企业不得不停工，造成机械设备和人员费用的损失，而管理公司却无法给予补偿。

遇到上述案例的情况，施工企业应该如何处理？按照合同规定，只有拿到管理公司的书面指令后方可报价，但是不能施工，除非管理公司书面指令施工企业边施工边报价；另外，如果施工企业得到管理公司或业主施工管理人员的口头指令要求立即施工，需要施工管理人员第二天给出书面的指令，否则会有很大的风险。

案例二：施工合同是包干价，在项目执行过程中，管理公司会每天发施工图纸给施工企业，在收到图纸后，施工企业就按图施工了，项目结束时才发现有几张图纸是额外的工作范围；由于在施工之前没有发现是变更，到项目结束时才向管理公司提交变更申请，管理公司按照合同时效性的规定，拒绝了该申请。

如果遇到上述案例的情况，施工企业应该在收到施工图纸后，必须检查是否带来工作范围的变化，是否影响工期，并按合同规定的时间向管理公司提交合同变更申请，在征得管理公司书面同意后方可施工。

案例三：施工企业提交了合同技术资料的征询单，请管理公司进一步解释技术资料的施工要求，管理公司回答了问题，同时说明了本回复对合同的工作范围和工期不造成影响。施工企业当时认为有影响，但是没有进一步去交涉，等工作完成后，施工企业才提交了认为有变化的变更申请，管理公司拒绝了该申请。

对于上述案例，一般情况下，如果资料征询单的回复带来工作范围的变化，管理公司会发指令给施工企业要求报价，如果没有指令，往往会在回复中注明本回复对成本和工期不构成影响。如果施工企业对本次回复有异议，必须立即提出，不一定能达成一致，但是可以记录下来，用于以后的谈判。

综上所述，施工企业在做海外项目时，要委派专人负责合同变更的管理，必须要和管理公司沟通了解合同变更程序，养成按程序办事的习惯，及时回复，积极主动沟通，稳步推进合同变更谈判和文件签署。

8.2 施工企业辨别出的合同变更

正如上述章节所述，除了管理公司签发指令要求施工企业报价以外，合同规定施工企业自己辨别出合同变更后，可以向管理公司提交申请，但是在提交时间上有一定的时效性要求。比如某西方管理公司的条款就要求施工企业在收到引起合同变更的文件后 5 个工作日内要通知管理公司是否有变更影响，随后的 10 个工作日内提交详细的报价和工期影响报告，逾期不提交的，视为施工企业放弃合同变更的诉求，同时必须按照新的技术文件或图纸完成施工。

在这个方面，施工企业会遇到巨大挑战，也会存在巨大风险。施工企业需要对下列情况及时做出甄别并提交申请：

- 业主或管理公司不认为新版的施工图纸会带来合同范围的变化；
- 业主或管理公司不认为新版的技术规范会带来合同范围的变化；
- 业主或管理公司不认为已批准的基准计划会有调整；
- 业主和管理公司坚持计划逾期未完成需要执行违约罚款；
- 极端气候影响工期和费用；
- "不可抗力"事件引起的费用变更和工期延误；
- 施工图纸发放的过程中发现新的单价，需要施工企业提交新单价和管理公司谈判达成一致；
- 单价合同里工程量清单的变化，需要施工企业提交最新的工程量供管理公司审核；
- 管理公司回复施工企业提交的资料征询单时明确写明没有费用和工期影响，而施工企业认为有影响。

对于以上类别的变更，施工企业务必安排专人负责，从内部技术和施工人员处收集相关信息，同时一定要透彻掌握已签署施工合同的工作范围、技术规范和有关合同变更的条款，从而编制相关的变更申请，提供充足、说服力强的证据，并按合同规定的时间提交给管理公司。倘若证据不足或超出时效期，管理公司将会予以拒绝。按照可能被管理公司认可的难度，可以将变更申请分为三个等级，即：最难被认可的变更申请、较难被认可的变更申请和难被认可的变更申请。

8.2.1 最难被认可的变更申请

最难获得管理公司认可的情形包括：极端气候对工期和费用的影响、管理公司回复资料征询单表明没有费用和成本变化的、基准计划的变化以及计划逾期违约罚款，这主要是因为施工企业很难拿出有效的证据。

引起计划延误的原因很多，有不属于"不可抗力"范畴的极端气候引起的。如果施工企业对极端气候的发生没有应对预案，应付起来会非常被动，很难有效记录和及时报告，管理公司和业主很难被说服接受工期延误、不愿意补偿额外费用，甚至会发生对施工企业极其不利的结果。下面介绍一个不成功的案例。

案例一：一家中国施工企业在欧洲承建一座大型桥梁工程，在施工过程中，遭遇了暴风雪天气，导致施工无法正常进行，工期延误。在提交工期延误申请和费用补偿时，该申请被业主和管理公司拒绝，主要原因如下：

- 应急措施不当：面对暴风雪，企业没有及时采取有效的防护和应急措施来减少损失，导致工程受损情况较为严重，增加了恢复施工的难度和时间。
- 未遵循合同程序：在发现工期可能延误后，没有严格按照合同中规定的时间和方式向业主及管理公司提交详细的延误通知和费用补偿申请，违反了合同的程序性要求。
- 缺乏当地经验：对当地的气候特点和可能出现的极端天气情况了解不足，在合同签订前没有充分评估和协商相关的风险及应对措施。
- 证据不充分：提供的证据无法证明这场暴风雪属于极端天气，无法证明工期延误和这场暴风雪有直接关联，费用补偿没有合法性，无法让业主和管理公司信服。

通过上述案例，提示施工企业需要辨别项目所在地的极端天气风险，评估由此带来的影响并制定防御措施；一旦发生极端天气事件，要立即启动预案把影响降到最低。同时按照合同变更的程序提交工期延误申请，及时记录极端气候带来的影响，利用历史数据科学评估是否属于异常气候，和管理公司积极沟通，补充证据，争取获得管理公司的认可。

针对管理公司回复资料征询单表明没有费用和工期影响的情况，施工企业首先要清楚地了解管理公司认为没有费用和工期影响的合同依据是什么，然后分析施工企业是否还有合同权利去促使管理公司改变其原有的决定。在此情形下，施工企业务必做到知己知彼，方能百战不殆。

案例二：某中国施工企业在中东地区某国家承接了一个化工项目的施工总承包工程，有重50t的通道平台是新增工作范围。2018年3月，甲乙双方根据合同单价通过合同变更加入合同中。施工企业开始深化设计，提交管理公司审核。此时，有三条去离子水管线正在安装并基本就位，但是管道支架需要安装在平台上，因为还没有到货，故施工企业于2018年6月3日提交了技术资料征询单，问是否可以用临时支架来固定管道，待平台安装好后，再用永久管道支架替换临时支架。管理公司设计经理答复："同意利用临时支架，等永久支架到货后确保更换，此答复无费用和工期影响。"2018年8月，施工企业提交变更申请，要求管理公司补偿临时管道支架的费用；同月，根据原来设计经理对资料征询单的回复意见，管理公司拒绝了申请。但施工企业于2018年10月又一次补充证据后再次提交申请，声明他们的确额外购买了临时支架，为了表示他们的合作诚意，要求只补偿原报价的50%，并声明本变更申请不会影响工期。通过和管理公司及业主的有效沟通，管理公司和业主最终接受了变更申请。

以上案例说明，尽管管理公司书面写明本回复没有费用和工期影响，如果施工企业认为有影响，需要尽快提出来，通过沟通知晓管理公司的出发点，然后补充材料并做出打折提议和其他承诺，争取管理公司的认可。

针对基准计划的延误，如果并非业主或管理公司的原因，得到管理公司的认可难度极大。而且，倘若施工企业在项目执行的整个过程中未对每一个小的工期延误进行记录和报备，那么申请成功的难度将大幅增加。施工企业需要安排专人负责记录每一次小的延误，并向管理公司进行清晰、明确的报备，以便用于未来的工期延期申请。一旦基准计划的延误获得认可，逾期的违约罚款日期也会得到相应的调整，缓解施工企业被罚款的担忧。

案例三[①]：埃塞俄比亚某公路施工项目，业主负责工程的详细设计，施工企业负责路面的施工，以及对两个交叉口、一个高架桥、挡土墙、纵向的排水管和涵洞等各种辅助设施的施工。环城路总长4.08 km，主干道的标准设计宽度为22m～44m，临街道路（包括人行道在内）设计宽度为13.2m。合同双方于2006年5月8日签署合同，合同有效期为900日历天，计划于2006年6月5日开工，至2008年11月8日竣工。合同规定逾期违约罚款为每日罚合同金额的0.05%，罚款限额为不超过最终合同价的10%。施工企业在工程的执行过程中，记录并报备如下的情况：

1. 挡土墙施工（13.000km～13.520km）设计变更延误：业主修改挡土墙边坡斜度，从启动设计变更到驻地工程师的批准共计耽误了75天。

2. 排水构筑物处的设计变更：业主将4处位置的1.5m管涵改成2m×2.5m的双孔管涵，在审核施工企业提交的施工详图的过程中，又增加了回填土的高度，等到图纸得到批准时，工期被耽误了89天。

3. 提供测控点的延误：因为拆迁未完成，业主无法提供测控点，施工企业无法按计划进工地开始工作，由此耽误工期达158天。

4. 路权问题造成的延误：路权没有得到充分的解决，影响施工企业高效施工，由此产生的延误达112天。

5. 特殊反常天气影响施工进度：施工企业对降水的持续时间以及降水深度等都有较为细致的记录，另外得到当地气象部门出具的历史气象数据。经分析，特殊反常天气耽误大约35天。

根据以上5项记录，施工企业通过分析并编制出工期延误申请，如下所示：

1. 挡土墙施工（13.000km～13.520km）设计变更：挡土墙实际开工日期为2006年10月13日，而驻地工程师于2006年12月26日才最终批准该处的施工图。造成延误的持续时间为75天（从开工日到最终批准施工图的日期），受影响的路长为0.52km，占总路长的百分比为0.52/4.08＝12.74%，那么，挡土墙施工处的延误时间＝75天×12.74%＝10天。

[①] 张苗苗，刘东元. 从埃塞俄比亚某公路项目看工期的索赔［J］. 国际经济合作，2009，6：70-74.

2. 排水构筑物处的设计变更：排水设备施工计划日期为2006年12月15日，而驻地工程师于2007年3月12日最终批准该处施工图纸。造成延误的持续时间为89天，期间影响的路长为1.06km，占总路长的百分比为 1.06/4.08 ＝ 25.98%，此处设计变更的延误时间＝89天×25.98%＝23天。

上述1＋2属于设计变更引起的工期延误，共计33天。但是，由于这33天与路权延误时间并行了，故在提交给业主的延期申请里可以不予考虑。

3. 提供测控点的延误：业主与承包商于2006年5月8日签署合同，而直至2006年10月13日，业主才向承包商部分移交现场，由于提供测控点的延误造成的工期延误达158天。

4. 路权问题造成的延误：由于路权问题造成的延误分为两个阶段。第一阶段：2006年10月13日～2007年2月28日，延误的持续时间为139天，受影响的路长为2.18km，占总路长的百分比为 2.18/4.08 ＝ 53.43%，这一阶段的延误时间＝139天×53.43%＝74天；第二阶段：2007年3月1日到2007年6月30日，延误的持续时间为122天，受影响的路长为1.28km，占总路长的百分比为31.37%，第二阶段的延误时间＝122天×31.37%＝38天。

最终施工企业选择了提供测控点延误和路权延误作为工期延误的申请依据，即：158天＋74天＋38天＝270天，提交了270天工期延误的申请，通过和驻地工程师及业主谈判，工期延误申请得到了认可。

通过对上述案例的分析，不难看出，施工企业详细记录了每次事件造成的延误，并且做了详细的分析和评估，有充足的证据说服管理公司和业主接受延误申请。

8.2.2 较难被认可的变更申请

较难被管理公司和业主认可的变更情形包括"不可抗力"引起的费用和新增单价。关于不可抗力，其范畴在之前的章节中已有讨论，施工合同中也明确了不可抗力对费用和工期影响的定义。原则上，不可抗力引起的工期延误较容易获得管理公司和业主的认可，但费用影响却很难得到补偿。通常情况下应是施工企业、管理公司和业主各自承担损失。

施工企业往往在情感上认为应当获得费用补偿，那么就必须把功课做足，如实提出受影响的成本，同时务必保证在质量达标的前提下按计划完工，且不出安全事故。在此大前提下，管理公司和业主或许能够找到既能给予补偿又能保障项目的双赢方案。在合同管理中，这应被归入"同情补偿的范畴"，但需要与管理公司及业主产生共鸣点。

例如，在某海外的高层建筑建设项目中，施工期间发生了强烈的地震。地震属于"不可抗力"事件，导致施工现场部分已建成结构受损，需要进行修复和重新施工，从而造成了工期延误。业主最初同意工期延误，但依据合同条款，表示费用不予补偿，因为合同中对于"不可抗力"导致的费用承担有明确的规定。然而，承包商认为地震造成的损失远超预期，不仅影响了当前的施工进度，还导致了施工成本的大幅增加，包括材料浪费、设备损坏维修、人员临时调配等。施工企业准备了详细的成本分析报告和相关证据，与业主展开谈判。在谈判过程中，施工企业强调了地震的严重程度以及对项目整体成本的巨大影响，同时表示愿意在后续的施工中采取一些优化措施来降低成本。业主经过重新评估和权衡，考虑到长期合作关系以及项目的顺利推进，最终同意给予承包商一部分费用补偿，以分担部分额外增加的成本。

对于新单价，通常是施工图纸到达施工企业手中后，才发现合同工程单价表（BOQ）存在漏项。之所以说较难得到管理公司的认可，主要原因在于施工企业无需考虑竞标情况下提交报价，依据合理的市场制定的单价一般会高于原合同价格。因为在合同履行过程中，施工企业在谈判时处于相对强势的地位，而管理公司在审核单价时，会参考原合同里类似的单价，两者往往差距较大，难以达成一致。施工企业一定要清楚合同中对于新单价形成的依据，如果合同里有按市场价组价的条款，就要着重向管理公司强调；如果合同里有新单价组价的规定，则依此规定报单价。

例如，在一个道路施工项目里，施工企业发现合同单价漏项后，因未充分了解合同中单价组价的规定，导致新单价申报与管理公司的预期差距过大，双方经过长时间的协商才最终确定。

对于较难得到认可的变更申请，施工企业必须表现突出，积极配合工作，在这个基础上，实事求是地提交申请，表现出超强的合作性和应变能力，还是可以取得一定认可的。

8.2.3 难被认可的变更申请

难被管理公司和业主认可的变更包括施工图纸的变化、技术规范的变化、单价合同里工程量清单的变化和单价合同转总包干价。

对于施工图纸的变化，管理公司基本已对额外工作发出变更指令，可能有遗漏之项，施工企业需要快速辨别并按合同规定的时间提出来。包干价的合同对于施工图纸变化带来的变更有明确的规定，例如工作范围非明显的增减不作为变更，或者规定实际工程量超出合同工程量的一定比例才可以视为变更，施工企业应依据合同实事求是报价。

对于单价合同中的施工图纸变化，只要施工企业依据合同和计量书[①]的要求提出申请，通常会得到认可，随后在工程量核算、新单价谈判或单价合同转总包干价合同的过程中予以处理。

技术规范发生变化时，往往会改变施工方案或工序。施工企业可以把原先做的方案和工序与变更后的进行对比，从而得出对费用和工期的影响。有时，管理公司可能要求施工企业出示投标书里的相关施工方案和工序，或者授标后管理公司批准的相关技术方案，用以比较技术规范变化后带来的变更是否有效。

对于单价合同里工程量清单的变化，主要依据施工图纸和合同里的计量规则计算，属于纯技术性操作。唯一的差异在于对计量书的不同理解可能产生不同的计算结果，不过完全能够在技术层面解决，且合同里通常规定管理公司具有最终解释权。一般合同规定，无论工程量如何变化，合同单价在合同执行过

---

① 计量书（Method of Measurement）是一份详细规定施工过程中各种工程量计算方法和测量规则的文件。它用于准确地确定工程中各部分的数量、尺寸以及其他相关物理量，从而为工程造价核算、工程进度监控和质量控制等诸多方面提供可靠的数据支持。

程中不得改变。但有些施工企业会坚持，若某项工作的实际工程量低于预期工程量的一定比例（比如15%），应适当提高相应单价，以补偿承包商因此多支出的管理费。然而，这个请求通常难以得到满足，因为施工合同对管理费的补偿有明确的规定，施工企业不应通过直接费的提高来补偿间接费，除非合同另有约定。

对于单价合同转总包干价合同，基于施工图纸和计量原则，由施工企业按专业编制工程量计算书提交给管理公司复核，双方较易达成一致。同时，把已同意的新单价充实在工程量清单里，为单价合同转总包干价合同做准备。此时存在一个难点，若实际工作进度尚未展开，施工企业会考虑一些不可预见费，这往往难以达成一致，需要双方智慧处理。倘若迟迟无法达成一致，由于某项工作的工程量不足，可能对进度付款产生影响。建议在此情况下，不妨将双方认可的工程量和单价纳入考虑，进行工程量清单更新的合同变更，最终以施工图纸计算的工程量和实际完成的工程量合并结算，这样能够更加透明，将双方的风险降到较低水平。

案例：某施工企业在东南亚地区执行一项化工项目的施工总承包工程，间接费（管理费）是包干价，直接费是单价合同，管理公司预估了工程量，合同规定在施工图纸发放完毕后，可以考虑单价转总包干价，如果直接费变化不超过原合同价值的正负25%，间接费不能做任何修改。当施工进度达到25%的时候，各专业的施工图纸发放完毕，施工企业就此提交了工程量计算书，通过管理公司的审核达成一致，直接费的变化小于原合同价值的25%，按合同规定间接费不予调整。但是，施工企业认为在以后的施工中，会有很多不确定因素，对于已经完工的土建和地下管道部分，可以转为包干价而不需要调整间接费；但对于还没有完工的管廊、管道、设备、电器和仪表的安装，在包干价谈定的情况下很难控制风险，故坚持调高间接费（加了不可预见费），这个要求超出了管理公司的预期，几次谈判后都没有达成一致。双方商定暂缓单价合同转总包干价合同的工作，用谈好的工程量和新单价做一次工程量清单的更新（Reconciliation of BOQ），通过合同变更加入合同中，工作完成后按照施工图纸实际计量进行结算。对于双方达不成一致的不可预见费不再纠结，在施工过程中实事求是地进行处理，做到了透明和公正。

对于难以认可的合同变更申请，只要施工企业及时提交申请，补充证据，有智慧地去应对，完全可以达到自己的预期。

8.3 本章小结

在项目执行阶段，强调施工企业要重视合同变更程序，积极响应管理公司或业主的指令，按时、精准地提交报价方案，并着重讨论了未执行好变更程序带来的风险。

对于施工企业自行辨别出的合同变更，文中分类阐述了其面临的风险和挑战：包括最难被认可的如极端气候和管理公司回复资料征询单表明无影响的情况；较难被认可的如"不可抗力"引起的费用和新增单价；难被认可的如施工图纸、技术规范、工程量清单的变化等。通过众多实际案例，说明了施工企业应如何收集证据、及时申请、有效沟通，以争取变更获得认可，减少自身损失，保障项目的顺利推进和自身权益。

总之，施工企业在海外项目中务必高度重视合同变更管理，遵循程序，积极应对，提升合同管理水平。

下面是本书的最后一个章节，主要讨论项目执行期间办理工作签证和因资金不足给项目带来的风险以及应对措施。

第9章 项目执行过程中的其他风险

在本书的最后一章,将对项目执行过程中可能遇到的其他风险展开讨论,即工作签证和资金流,它们是项目成功的重要保证。如果因为工作签证问题不能及时动员人员到现场施工,会直接影响工程进度;如果资金无法支撑按时支付分包商进度款、供货商货款、工人工资等,不但会引起分包商和供货商不必要的过激行为,而且会影响工人的信心,甚至会引起社会问题,给项目所在社区带来困扰,最终会反噬到项目上,影响项目的顺利执行。

9.1 工作签证风险

在本书第 1 章"识别资格预审期间的风险"之第 1.2 节"劳工和工签政策风险"项下讨论了项目所在国工作签证的政策风险,用于帮助施工企业决定是否参与资格预审。

在第 2 章"投标期间识别项目所在国风险"之第 2.2.4 小节"劳工和工作签证风险"项下总结出施工企业存在政策性风险、专业性风险和计划性不周的风险,建议施工企业在投标时制定相关的措施,安排专业人士制定好劳工资源和签证计划,规划好办理工作签证的工序和时间。

施工企业中标后,项目开始时就要委派有经验的专业人员负责工作签证事宜,依据投标时的人员计划,及时核实从国内派遣的工人和技术管理人员是否有变化,从第三国雇佣的人员是否有变化,并尽快确认下来。对于主要管理人员的变化,还要尽快安排和管理公司一起面试,一旦面试成功,应快速为被接受的管理人员办理工作签证的申请。要及时复核投标时制定的办理工作签证的策略——是通过中介公司办理,还是通过施工企业在当地注册的公司办理,施工企业要按既定的策略开始实施。当然，在办理过程中会遇到各式各样的挑战和问题，需要一边办理一边咨询政府移民机构，调整办理策略，其目的是按时办理工作签证，保证项目进度的需求。

有的施工合同要求管理公司对施工企业拟派遣的焊工进行焊接考试。焊工需要先动员到工地，在现场的培训场地练习2~3天后由管理公司组织考试。考试合格者方可被允许在项目上工作，没有通过考试的焊工被退后需要对替补焊工再进行考试，这样会造成工作签证指标的浪费和成本的增加，也会影响到替补焊工的工作签证办理和动员的及时性。对此，施工企业可以和管理公司商量，对于那些将从国内派遣的焊工，允许他们在国内施工企业的焊工培训基地进行焊工考试，请管理公司和业主的考试人员在国内组织考试并评定考试结果，为合格者办理工作签证。

案例一：东南亚地区的一个化工项目，经过施工企业和管理公司讨论，也征得业主同意后，安排在中国国内进行焊工考试，管理公司和业主派遣其在中国公司的雇员实施监考和评估。焊工的考试合格率是87%，意味着参加考试的100位焊工，通过的只有87人。当时这个项目共计需要220位合格焊工，施工企业通过分批考试组成了220位合格的焊工团队，然后开始办理工作签证。这样操作，一是确保了人员的稳定性；二是也确保人员一旦动员到工地就能马上开展工作；三是还可以节省不必要的成本开支。虽然施工企业同意支付管理公司和业主派遣监考人员的工时和出差费用，但是这点花费相比于焊工的稳定性和工作签证的及时性，是非常合算的，实际上也给施工企业提供了很大的便利。

另外，一定要找到信得过的、确实有能力的中介公司来办理工作签证，如果在投标时已经确认了中介公司，并且该中介公司已经帮助施工企业制定好了工签策略，施工企业应该继续与其合作，及时收集办理工作签证员工的信息和资料，和中介公司一起准备好所有的申请手续，及时提交。对于项目所在国的移民局和其他相关机构，请中介公司带领中方人员一起拜访、提交申请和核实办理程序；对于国内的外交部等有关部委，中方负责人直接和他们接洽办理各项事宜。在中介公司问题上，施工企业面临的最大挑战是其能力没有自己公司宣传的那么好，在办理签证过程中，中介公司会遇到工作签证名额的限制，使施工企业措手不及，转而去找其他中介公司，发现路子越走越窄，感受到了有被胁迫的困境；中介公司的选择要考虑"敬业精神、诚实守信、办事高效、零风险，资信情况是否可靠，之前是否有过这方面的从业经历和经验，是否在项目所在国相关审批会签部委内有着深厚的人脉关系和背景"。这些的确不是一件容易在短时间内确定的事情，而选择好了中介公司就会事半功倍。

案例二：有一家中国施工企业和当地的知名施工企业成立了合资公司，一起中标了东南亚某国的石化项目。投标时双方商定，由当地施工企业出面，以合资公司的名义申请项目的工作签证名额，协助办理外来人员的工作签证事宜。在项目的执行过程中，在合资公司名义下，分批办理好了工作签证，当然也遇到了不少的挑战，特别是审批手续有所拖延。合资公司除了拜会项目所在国移民局之外，还请了业主代表一起拜会移民局，业主代表向移民局官员强调了项目的按时完工对国家的重要性，请求移民局在合规的情况下给予快速审批。应该说以合资公司的名义申请工作签证和业主的支持确保了及时获得工作签证，为项目的顺利完工提供了保障。

总之，工作签证的办理一定要了解好项目所在国的有关政策，据此制定计划和策略，避免想当然地用过去在其他国家的经验，这样才能立于不败之地。投标时策略做得越周全，项目执行就越顺畅。

9.2 现金流风险

在第3章"识别投标期间的合同条款风险"之第3.2节"付款周期和现金流"项下讨论了如何评估现金流的风险。针对项目的资金使用情况做出分析，按月预估资金支出和收款计划，并做出比较，如果出现负值的现金流，则需要母公司垫资或通过银行贷款来填补此空缺。因此发生的额外管理费和利息费用需要分摊在报价里，以便支持项目，保持良好的资金流，同时还可以得到应有的补偿。

实际上，投标和合同谈判阶段，争取到有利的合同条款、制定有效的资金保证策略和拥有健康的现金流对项目的成功尤为重要，因为项目团队在中标后已经很难改变合同的规定和不利的现金周转流动。不过，只要项目执行人员按照合同规定，在原来投标策略的基础上进一步分析项目执行期间的现金流状况，和母公司或银行开展有效沟通，把不足的资金及时解决好，还是可以保证良好的现金流用于支持项目的正常开支，保证项目的顺利进行。

项目执行团队首先要详细了解预付款的合同条款内容，如预付款的比例、申请预付款的手续和必要条件，如果必要条件涉及保险单和保函的提交，需了解保险单和预付款保函及履约保函的办理与提交程序、预付款的付款时间等，以便尽快办完预付款申请手续，及时收到第一笔预付款用于项目的启动。

同时，施工企业的项目团队积极和管理公司相关人员接洽，对于进度款的支付或里程碑付款程序、使用的表格、各自的责任、提交申请的时间等达成一致，最好以书面的形式记录下来作为将来的指导，以便在需要时，可以据此做相应的调整。

在以往的项目上，单价合同项下已完成工作量的计量速度缓慢，经常影响进度付款的审核、批准和支付。合同里附有计量书，施工企业要委派有经验和熟悉计量书规则的计量工程师参与项目，一般会要求施工企业每个月的月初提交上个月完成的进度，根据和管理公司商量好的计量格式和方式提交。为了达到这个目的，可能要委派充足的计量工程师参与工程量的计算和现场完工量的统计，才可以保证按时提交高质量的付款申请。

随着施工图纸的发放，会发现单价合同里有许多漏报的单价和低估的工程量。遇到这种情况，为了不影响进度款的及时计量和支付，施工企业可以按照已发放的施工图纸把每个专业的工程量计算出来，报管理公司审核。然后根据最新资金流的情况，再建议要么单价转总包干价，要么做合同变更调整工程量，这样才能保证及时申请付款，确保良好的资金周转。

在第8章"合同变更管理风险"项下讨论了各种合同变更的风险和应对措施。为了保证健康的现金流，施工企业要积极回应管理公司对合同变更的要求，快速报价、敦促管理公司加快评估、积极参与和管理公司的谈判，在双赢的基础下达成一致，把谈好的费用及时通过合同变更的方式计入合同，管理公司才可以在他们系统里做出授标的安排。等施工企业完成该项变更工作后，就可以便捷地申请进度款，管理公司也就有了及时审核和批准付款申请的先决条件。

需要提醒施工企业：如果只有管理公司的变更指令、施工企业的报价和双方达成一致的书面资料，而没有进行合同变更的相关操作，是不能作为申请和支付进度款的依据的。这件事在项目上经常发生，是一个坑，需要施工企业的人员避免踩坑，积极推进，把已达成一致的费用通过合同变更的书面方式加入合同中。

为了不影响每个月的进度款支付，施工企业还要关注已提交给管理公司的银行保函和保险单的有效期，及时办理其延期事宜。如果保函和保险单逾期不去办理延期，也会影响下个月的进度款申请，因此务必和管理公司沟通好，及时按照沟通好的意见办理延期手续。

最后提醒施工企业，对于需要银行贷款或者母公司垫资来缓解项目资金周转困难的，项目执行团队务必提前落实，及时到账，以免引起不必要的恐慌和焦虑。

案例一：一家施工企业在中东执行项目时，没有及时安排好资金周转，甚至盲目地认为管理公司和业主会提前支付进度款。实际上该管理公司和业主的确曾经支持过该施工企业，提前支付进度款。但管理公司这次坚持按合同条款的规定进行，由此造成施工企业的银行账号里出现零存款的状况，并持续了一段时间。这个消息不经意间传播了出去，造成了供货商的担心，表示在没有收到100%货款之前不予发货，严重影响了进度，同时也引起了工人们的担心。一般情况下，工人们往往来自于同一个地方，由一位德高望重的工头带领他们在现场工作，当工人们得知上述这个消息后开始恐慌，负责保护大家利益不受侵犯的工头向施工企业提出诉求，要求把过去3个月的工资结清，但是双方谈判没有成功，来自不同地方的两支队伍共计50人罢工。虽然施工企业最终筹到资金支付了大部分工人的工资并且承诺了下次支付工资的日期，但工人们并不相信，之后这50名工人陆续离开项目回国了，结果既浪费了工作签证指标，也耽误了工期进度。

案例二：合同规定，设备采购单签署后付订金10%，发货前付50%，收货后再付30%，等设备安装后没有问题再付10%。但是在实施过程中，供货商听说施工企业资金周转出现困难，害怕不能及时收到货款，就要求交货之前100%付款。对此施工企业没有其他的选择，不得不为了保证进度同意供货商的要求，这样给施工企业的资金周转造成了巨大困难。

综上所述，项目的顺利进行需要施工企业团队的努力，不能有半点懈怠，及时申请预付款和进度款、及时处理合同变更、及时处理和付款有关的保险单和保函、及时和母公司或银行保持有效沟通以便获得他们的及时支援，从而保证项目拥有健康的资金周转。

9.3 本章小结

本书最后一章讨论了项目执行过程中的其他风险，即工作签证和资金流，它们是项目成功的重要保证。本章小结如下：

1. 工作签证方面

1）中标后委派有经验的专人负责，按照投标时规划的劳工资源和签证计划，及时核实派遣人员变化，复核办理策略，咨询政府移民机构并相应调整策略。

2）如果有工人通过考核才允许进入工地工作的要求，如焊工，可与管理公司协商在国内安排考试，以节省成本和避免浪费工作签证指标。

3）选择可靠的中介公司办理工作签证，要考虑其能力和信誉等因素。

4）持续了解项目所在国的工作签证政策，做好计划和策略，避免经验主义。

2. 资金流方面

1）根据投标时对于现金流风险的评估和相应的策略，做出更新的策略。

2）项目一旦开工，要及时申请预付款，同时与管理公司就进度款的程序、格式和提交时间等达成一致。

3）委派充足的和有能力的计量工程师，保证合同变更的及时性、提交进度付款申请的准确性，以便及时获得支付。

4）关注保函和保险单有效期并及时延期，以免影响进度付款。

5）如果计划需要资金，提前落实银行贷款或由母公司垫资。

参 考 文 献

［1］中国统计年鉴编委会. 中国统计年鉴2020［M］. 北京：中国统计出版社，2023.

［2］刘涛. 项目施工过程中的风险管理和研究［D］. 北京：中国石油大学，2018.

［3］郭仲伟. 风险分析与决策［M］. 北京：机械工业出版社，1987.

［4］王卓甫. 工程项目风险管理：理论、方法和应用［M］. 北京：中国水利水电出版社，2003.

［5］解金辉，张智海. 海外施工风险与控制［J］. 铁道工程企业管理，2016，6：6-7.

［6］崔连友. 施工企业海外项目风险管理研究［D］. 天津：河北工业大学，2012，12.

［7］邓炯. 施工项目风险分析及评价研究［D］. 杭州：浙江大学，2011.

［8］赵晓璐. 有关招标工作中存在的风险和策略之浅见［J］. 经济师，2011，4：254-255.

［9］吴家熬，杨娇. 国际大型石油工程项目承包商资格预审内容解析及关注要点研究［J］. 石油工程建设，2014，10：77-80.

［10］贺洋，尚昕昕，蒋涛. 美国对外制裁整体框架［J］. 中国外汇，2022，5（15）：8-12.

［11］美国商业部工业与安全局. 第744部分补编第4号实体名单（Supplement No. 4 to Part 744 – ENTITY LIST）［EB/OL］. 中华人民共和国，2023，30-239［2023-5-19］. https://www.bis.doc.gov/index.php/component/docman/?task=doc_download&gid = 2326.

［12］集成电路行业动态. 进入实体清单、未经核实清单、美国防部CMCC清单、美财政NS-CMIC清单全列表！［EB/OL］.［2023-04-01］. https：//zhuanlan.zhihu.com/p/618511035.

［13］谢国祥. 马来西亚外劳市场及外劳政策现状［J］. 国际工程与劳务，2004，7：29-32.

［14］韩晓婷. 论沙特阿拉伯的劳工"沙特化"政策［J］. 西北大学学报，2013，9：83-86.

［15］陈可扬. 新加坡建筑加工业外籍工人比率调低 新加坡国家发展部长李智陞：可推进行业转型［N］. 联合早报，2022-02-20.

[16] 廖小健. 新加坡外籍员工政策的变化和影响[J]. 东南亚纵横, 2011, 10: 62-65.

[17] 刘进. 业主视角下的国际 EPC 工程风险评价[J]. 武夷学院学报, 2017, 3: 27-32.

[18] 刘吉明. 保密协议对商业秘密的保护[J]. 品质业质量, 2012, 5: 136-139.

[19] 王一军. 中外职业健康安全标准的碰撞和融合[J]. 中国电力企业管理, 2022, 10: 32-34.

[20] 许陈生, 陈荣. 东道国领导人任期与中国在"一带一路"沿线的直接投资[J]. 国际经贸探索, 2017, 33: 93-112.

[21] 蔡庆丰, 徐振锋, 吴冠琛, 等. 东道国政治不确定性对中国 OFDI 的影响[J]. 区域金融研究, 2021, 9: 5-13.

[22] 穆倩. 浅析国有施工企业境外项目建设中外汇资金管理风险防范[J]. 西部财会, 2021, 1: 55-57.

[23] 吕荣杰, 杨战社. 国际工程项目承包风险探索[J]. 四川建筑, 2011, 4: 247-250.

[24] 郝领东. 国际工程汇兑风险分析及应对措施研究[J]. 铁道建筑技术, 2020, 12: 165-168.

[25] 左莉. 国际工程项目外汇风险分析与度量方法[J]. 财会学习, 2016, 1: 233-235.

[26] 詹福林. 国际工程项目税务风险管理思路[J]. 财会学习, 2020, 1: 167-168.

[27] 鲁奇尔·阿加瓦尔, 迈尔斯·金博尔. 通胀是否将维持高位?[J]. 金融与发展, 2022, 6: 24-27.

[28] 国际货币基金组织. 世界经济展望更新 - 短期韧性与持久挑战[EB/OL]. [2023-07]. https://www.imf.org/zh/Publications/WEO/Issues/2023/07/10/world-economic-outlook-update-july-2023.

[29] 吴福贵. 如何办理沙特工作签证（上）[J]. 国际工程与劳务, 2012, 9: 33-35.

[30] 吴福贵. 如何办理沙特工作签证（下）[J]. 国际工程与劳务, 2012. 10: 31-31.

[31] 彭军君. 又到出国"淘金季"启东包工头讲述"沙特噩梦"检方温馨提示[EB/OL]. [2017-09-14]. http://www.jsjc.gov.cn/yaowen/201709/t20170914_170872.shtml.

[32] 吴春燕. 施工单位外派技工人员工作签证管理存在问题及解决措施[J]. 现代国企研究, 2017, 22: 174-175.

[33] 任冬冬. 文化差异对国际工程项目的财务风险影响研究：以中国铁建麦加轻轨项目为例[D]. 石家庄：河北经贸大学, 2014.

[34] 徐庆东. 如何做好海外石化工程项目的管道设计工作[J]. 石油化工设计, 2018, 35: 30-34.

[35] 郭瑞, 刘四锋. 沙特阿美EPC项目物资采购合同管理与控制[J]. 国际工程与劳务, 2018, 1: 56-57.

[36] 吕文学, 刘学姣, 游庆磊. 国际工程中建筑材料价格的风险管理[J]. 国际经济合作, 2009, 8: 47-50.

[37] 冯宝科. 国际高速公路总承包项目中的分包管理风险及其规避[J]. 公路交通科技(应用技术版), 2020, 5: 73-74.

[38] 唐元文, 朱海龙. 国际工程投标阶段风险管控实践[J]. China Harbour Engineering, 2021: 75-79.

[39] 陈粒. 海外施工承包类项目设计风险识别及其对策[J]. 中国勘察设计, 2020, 7: 91.

[40] 高彦飞, 王晓娜, 林自然. 关于海外工程项目采购管理的探讨[J]. 国际石油经济, 2016, 24: 78-84.

[41] 张文艺. 施工企业甲供材料控制与管理[J]. 中国化工贸易, 2015, 33: 125.

[42] 李志刚. 试论工程建设中的甲供材料管控问题[J]. 建筑工程技术与设计, 2015, 10: 2350-2351.

[43] 吕文学, 游庆磊. 工程建设合同工期延误与赔偿费条款分析[J]. 石油工程建设, 2006, 32: 63-67.

[44] 盛健. FIDIC《施工合同条件》下的工期索赔法律问题研究——基于承包商视角[D]. 南京: 东南大学, 2015.

[45] 傅勇. FIDIC国际工程的工期索赔[J]. 中国外汇, 2014, 9: 52-54.

[46] 蒋跃光, 张国荣. 土建工程施工国际承包合同中的工程变更[J]. 四川水力发电. 1999, 4: 71-76.

[47] 李成业. FIDIC合同中"工程变更条款"的关键点解读[J]. 项目管理评论, 2021, 4: 42-47.

[48] 张苗苗, 刘东元. 从埃塞俄比亚某公路项目看工期的索赔[J]. 国际经济合作, 2009, 6: 70-74.

后 记

创作的余音：回首和感恩

笔者结合以往参与项目的实际体验、感悟和所遇实例，通过查阅大量的文献，加以归纳总结，梳理出自从资格预审开始，到收到招标文件后筹备投标书，直至中标后项目实施的整个项目周期进程中所存在的风险以及相应的应对措施。

起初，作者将以上部分内容在重庆大学、部分施工企业以及行业协会开展的专题讲座上做了分享，均获得极佳的反响。本书雏形源于2017年8月的一个论坛，感谢我的好朋友于彤先生代表鸿源同鑫国际咨询（北京）有限公司邀请我在第二届浦江国际工程管理论坛上发言，题目为"中国工程公司在东南亚地区执行项目的特点和风险控制"，同时也感谢沃利（Worley）中国公司总经理邱鸿先生对发言稿提出了中肯建议。

因上述发言在论坛上引发了热烈讨论，2018年6月，在英国皇家特许建造学会（CIOB）和重庆大学培训项目的签约仪式上，重庆大学邀请我【得益于福陆（中国）工程建设有限公司总经理陆亚明先生的推荐，在此表示特别感谢】做了"中国工程公司在东南亚风险特点"的发言。这次机会让我后来成为重庆大学的校外授课讲师，为国际工程高级经理人培训暨英国皇家特许建造学会会员资格认证项目讲授"国际项目合同管理和海外风险识别及应对"的课程，这些经历进一步完善了本书内容。

我要特别感谢我的校友殷雄博士，2023年7月在重庆举行的2023年格勒高商博士（中国）同学会年会上，身为2003年同济大学和法国格勒布尔高等商学院合作项目DBA班同学的我们,一同探讨了他的著作《能源资本论》和《中国传统文化中的治理智慧》,他的鼓励让我开始考虑出版一本书,并从那时起执笔,历时约11个月完成了书稿。殷博士在出版社事宜上也给予了我诸多有益指导。

我还要感恩上海图书馆,其丰富的文献资源为我提供了翔实的数据和参考。我虽然仅去过一次图书馆,其余时间都是通过网上图书馆进行文献搜索,如此便捷得益于科技发展和大数据成果,若无此,我难以在短短11个月内完成书稿。

同样要深深感谢中国建筑工业出版社编辑滕云飞、徐明怡,她对我的书稿给予了专业指导和迅速反馈,让我能够快速明晰地修改章节并进行有效整理。

我要特别感谢我的太太潘玉静女士,在我收到出版社初审报告后,她通读了一遍本书书稿,给出了许多珍贵的建议。

在选择出版社时,中建八局海外部的孙海洋先生建议我选择中国建筑工业出版社,我采纳了他的建议,在此特别感谢他。

在封面设计的过程中,我要特别感谢郭润泽先生和张竞文女士,还有他们所在的"北京竞泽传媒文化中心"。他们凭借丰富的专业学识以及精益求精的工作作风,给我留下了极为深刻的印象,为读者展现出了风险与机遇并存,若处理得当便会是一片蓝海的视觉效果。

当下众多施工企业面临着工作不饱和的状况,一些施工企业的朋友在与笔者交流中也透露出向海外拓展业务的意向,但又担心海外的风险,希望得到一些规避风险的咨询,这进一步增强了笔者撰写本书的意愿。真心希望本书能够助力这些有意向拓展海外业务的公司,使他们在出海之前及之后做好充足的功课,清楚项目各个阶段的风险与对应措施,避免踩坑,从而顺利圆满地完成项目。从这点来说,本书可称为一本适合的指南手册。

由于作者知识有限,难免存在不足之处,敬请谅解。

本书也是抛砖引玉,希望更多的专业人士关注那些准备出海和已经在海外的施工企业,给他们提供专业的帮助,为他们在国际舞台上大展宏图尽一份绵薄之力!

最后，衷心感谢每一位在我创作过程中给予我支持和帮助的家人、朋友与同仁，没有你们，就没有这本书的诞生。

郭英杰于上海

2024 年 5 月 22 日